U0940105

倒叙日本史 01

昭和·明治

〔日〕御厨贵 佐佐木克 著
杨珍珍 译

创于1897 商务印书馆 The Commercial Press
2018年·北京

总序——《倒叙日本史》的目标[1]

《倒叙日本史》是一档始于2011年春天的新节目，从现在到过去倒着追溯历史。借此机会，向大家说明一下节目诞生的经过。

此类事情并非没有先例。比如，民俗学者柳田国男，以热心致力于战后的社会学科教育改革而闻名。柳田主张，在当前的实际生活中，以身边出现的疑问为出发点，为解决这些问题，逐个追溯到过去，这样的历史教育是卓有成效的。再有，明治大正时期（1912—1926年）的历史学家吉田东伍，在大作《倒叙日本史》中，从明治二十三年（1890年）设立国会开始，一直写到神代和上古，倒着追溯各个时代，展开叙述。

当时还借鉴参考了其他多种论证，但这种倒叙用于历

1　本篇序言译者为郭晓丽。

史题材的电视节目究竟是否恰当呢……不管怎样，这是一种之前从未尝试过的节目手法。我们还咨询了历史学学者们的意见，工作人员之间也进行了反复讨论。结果我们逐渐确信，只要具备以下特点，应该就能制作出前无古人的精彩节目。

第一，做成追溯历史的“通史”。做成通史有助于系统地理解日本史，而不是仅仅呈现为断片式的事件或事情的连接。第二，随着播放的推进，如同看电视连续剧一般，带着“为什么变成了这样？”的强烈疑问，向前追溯。倒叙法在方法论上的最大优势，即在于能够突出疑问、明确事情的因果关系，因此我们将其作为推动节目的动力源加以重视。第三，在前两者的基础上，就具体形式而言，并不是从现代到过去缓慢地追溯每一年，而是选取每个时代中能够串起整个时代的宏大主题，分四集全部讲完，抓住时代的出发点。提供在大框架下把握时代的视点，同时也便于观众理解和接受。第四，邀请通晓各个时代的一线专家做嘉宾，以他们“话题接力”的形式构成通史，努力打造成一档“豪华”节目。

就这样，《倒叙日本史》节目开始了。此次又以书籍的形式出版。在各卷中，出场的各位先生都充分地阐明了各个时代的核心，包括一些在电视上未能全部讲明的事情。在逐卷阅读时，抓住各个时代的本质，同时重新思考与我们生存的现代的关系。衷心期望，本系列能够让读者体验到这种通史特有的魅力。

《倒叙日本史》制作组
NHK文化福祉节目部制片主任
谷口雅一

目　录

昭和—明治：遭遇挫败的政党政治

明治：通向“官僚”国家之路

昭和—明治：遭遇挫败的政党政治

御厨贵　著

前　言

于我们普通人而言，所谓政治究竟是什么？不就是存在于我们身边、并对我们所行使的投票权做出相关回应的东西吗？耗时二十年，我们最终选择了能够实现政权交替的两大政党体制。

然而政治动态并非时时如我们所愿，这颇让人焦躁、烦闷。事实上，我国的近代史为我们提供了与政党政治及两大政党制相关的丰富素材，所谓“温故知新”，此言极是。

故而我们决定，以回溯近代史的形式对其做一探究。我与小林亮夫导演合作共制作了四期电视节目，在此过程中，延续至今的各政党的历史个性如统治政党、支持者的培养、党利党略、相互批判等完全呈现于眼前。利落地割舍掉多余的选项，我们如回归原点的时光旅行者一般，探索并辨明了日本政党政治挫败的要因。

构成政党政治的“场域”绝不可溃。这便是我们的结论。那么诸位，让我们以此书为线索，亲身感受此过程吧。

御厨贵

第一章

自我崩坏的两大政党

1928

无法回应国民的期待，终日相互诋毁、内耗不断，对两大政党的失望，终招致军部的抬头。

转折点◎第一次普通选举实施

1924　护宪三派内阁成立

两大政党时代肇始

1925　日苏基本条约签署

普通选举法公布

1927　金融恐慌

第一次出兵山东

转折点① **1928　第一次普通选举实施**

1930　黄金输出解禁

伦敦海军条约签署

滨口雄幸首相遭射杀

1931　九·一八事变

1932　犬养毅首相遭暗杀（五·一五事件）

图为首次普通选举时列队投票的情景（照片/每日新闻社）

另一个两大政党时代

2012年（平成二十三年）当下，人们普遍认为日本的政治进入了民主党与自民党并立并争夺政权的“两大政党时代”。现下虽是民主党执政，然而由于其并未在参、众院两院中获得稳定多数的席位，故实际是由其与一些小政党组成联合政权共同执政。然而，具备构成政权的实力也即能够获得多数议席的，事实上只有此两大政党，这一点毋庸置疑。

在五五年体制颇为长久的存续期间，自民党一直是唯一的执政党，而以社会党为首的在野党则呈现出与其对抗的态势。可以说，在五五年体制下，政权交替的可能性在事实上是不存在的。而在被视为进入两大政党时代的当今，政权之位会根据选举结果在自民党与民主党之间摇摆轮换，人们据此认为政权交替相对容易了许多。民主党成为执政党后尚未进行众议院选举，当今之时是否已进入政权可在两大政党之间交替的“两大政党时代”，这一点仍未有定论。

事实上，这并非第一次在日本实现两大政党时代。战前一段时期，具体说来，大正末期至昭和初期的日本也曾是两大政党的时代。

人们普遍认为政党内阁是由被称为“平民宰相”的原敬正式实现的。原氏率领立宪政友会（以下简称为“政友会”）登上执政宝座，1921年（大正十年）遭到暗杀。继任政友会总裁的财阀高桥是清同时接掌政权，然而不久政友会产生分裂。此后由加藤友三郎、山本圈兵卫等海军出身者组成内阁，再之后则由清浦奎吾以贵族院为基础建立内阁，可见，政党政治成立之初便迅速遭遇挫败。

其后，政友会与宪政会及革新俱乐部联合结成护宪三派，展开被称为第二次护宪运动的拥护宪政运动。他们以政党政治为宪政的最高目标，赢得了民众的广泛支持，1924年以绝对优势在总选举中获胜并组成内阁，宪政会总裁加藤高明出任首相。至此可以说，原敬首创的政党政治初具雏形。自此至1932年（昭和七年）五·一五事件发生、政党政治终结的八年间，政党政治迎来鼎盛时期，实现了两大政党交替掌握政权的体制。

本章计划追溯、探讨两大政党时代因何得以实现、为何不久便迎来瓶颈并最终导致自我崩坏的过程，这会为我们在思考步入新两大政党时代的当今的政治情势与状况时，提供丰富的启示，并给予我们某些重要教训。

普通选举与护宪三派

现在的国会议事堂动工于1920年（大正九年），正是政党政治日渐鼎盛的时期。然而，其最终完工却是十六年后的1936年（昭和十一年），极具讽刺意味的是，彼时政党政治已然处于濒死状态。

所谓政党政治，说白了，便是将通过选举明确下来的民意即选民、国民的意志反映于政治的体制。第一次世界大战以降，整个世界充满期盼民主的呼声。近代化进程导致国家的意义发生了质变，生产力的飞跃性提高、通信、交通、信息网的完善等促使国家的力量日益强大，以往由部分特权阶层作为支配者君临天下的政权体系走到了尽头。国与国之间的战争远非昔日规模，牺牲者也越来越多。更多的人开始意识到自己是国家的国民，他们甚至成为绝对的多数派；运营国家，必须有他们参与到统治体系中来。

具体到日本，自1890年（明治二十三年）实现第一次众议院议员总选举以后，也构建起由选民选举出代议员（国会议员）、再由被选举出的议员组成立法府中的众议院这样一个基本框架。不过，拥有投票资格的选民被限定为直接纳税十五日元以上、年龄在二十五岁以上的男性，共计有四十五万人，仅占国民的百分之一强而已。

在呼吁民主的世界性大潮中，1919年以降的日本国内，要求废除上述限制、实现普通选举的大众运动也愈演愈烈。然而正如前文所述，原氏、高桥等政友会内阁之后，继之的是加藤友三郎、山本、清浦等非政党内阁，要求普选的呼声被置若罔闻。国民各阶层对此都表示强烈不满。拥有最多议席的政友会分裂为两派，一派支持清浦内阁（结成政友本党），一派视清浦内阁为特权阶级内阁并明确表示对其持反对态度。1924年5月10日举行的第十五次总选举中，形成了护宪三派联合与执政党政友本党斗争的形势。而所谓“护宪三派”，是指以高桥是清为总裁的政友会、以加藤高明为总裁的宪政会及犬养毅所率领的革新俱乐部。

政友会高桥总裁高调奉还爵位，从已故的原敬前首相的选区参加竞选，树立了以实现普通选举、贵族院改革为目标的“拥护宪政派”的形象。其结果是政友本党获得了109个议席，而护宪三派则获得186个议席，护宪三派赢得压倒性胜利。然而，政友会的算盘却落了空，宪政会获得151个议席成为第一大党。以宪政会的加藤高明为首相，护宪三派组成内阁。

宪政的常规

在当今的我们看来，第一大党的党首就任首相是理所当然之事，然而当时情况却并非如此。彼时按规定，内阁的首相由天皇任命，而掌握向天皇推荐候选人的实质性决定权的，却是元老西园寺公望，事实上形成了西园寺指名之人便可成为总理大臣的体系。

所谓元老，指的是促成明治维新运动的功勋者，主要是给予萨摩、长州两藩出身者的荣誉，公家出身的元老，仅有西园寺一人。萨摩藩出身的元老有黑田清隆、西乡从道、松方正义，长州藩出身者则有伊藤博文、山县有朋、井上馨，上述几位元老在从首相等现役政治家之位引退后也仍在政权背后发挥着影响力。而明治维新后，随着时间流逝他们自然会相继逝世，且因元老是从维新的功勋者中选出，当然无法增补。一位，两位，存世的元老日渐减少，时至彼时，硕果仅存者，唯有西园寺。

而仅存的西园寺也已是七十以上的高龄，元老不复存在这一事态近在眼前。承担着最后一位元老之重责的西园寺，想必曾为自己离世后如何选出总理大臣而烦恼不已。树立仅次于元老的新权威不失为一个好方法，然而苦于没有合适的人选，最终未能实现。

● 护宪三派内阁的成立

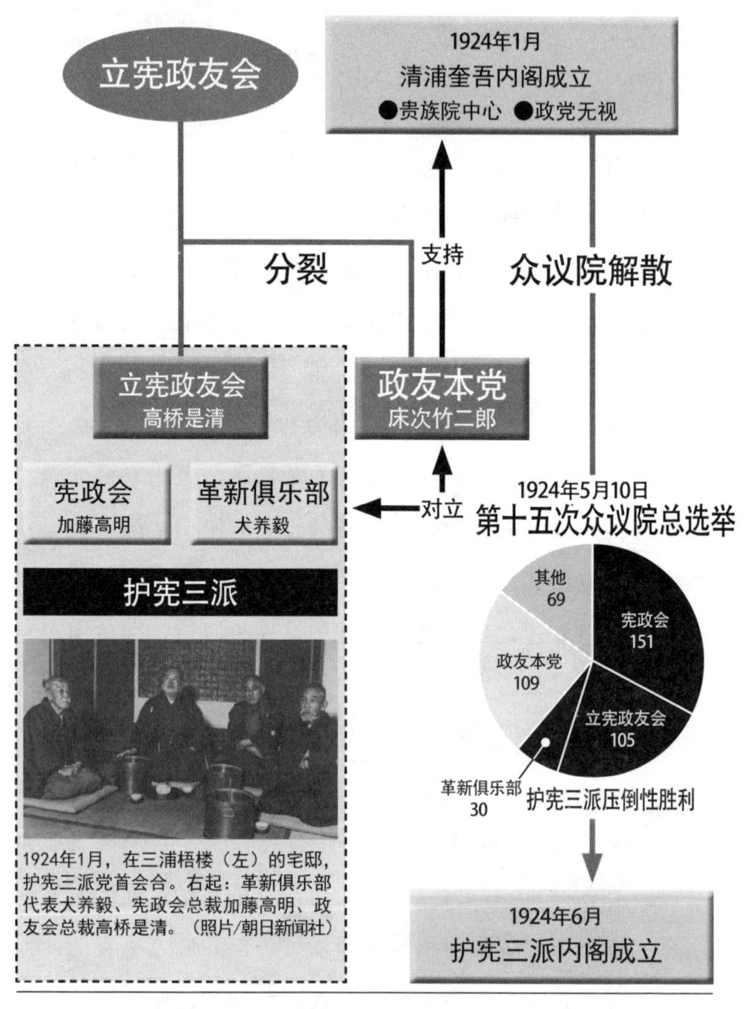

1924年1月，在三浦梧楼（左）的宅邸，护宪三派党首会合。右起：革新俱乐部代表犬养毅、宪政会总裁加藤高明、政友会总裁高桥是清。（照片/朝日新闻社）

宪政会成为第一大党
加藤高明就任首相

在政局不稳的政党内阁时代，每次发生政变，西园寺都深思熟虑，按照内可稳定政治、外可亲近英美的基准选择下任首相。

护宪三派内阁时期，就结果来看，西园寺推荐了众议院第一大党的党首担任首相。故而，当时知名的自由主义者马场恒吾虑及西园寺公望逝世后的前景，强烈要求确立由在选举中获胜、能够反映国民意志的众议院第一大党的党首担任首相的体制。然而，最终这一提议未能成为章程。毕竟，护宪三派内阁之后，未曾再出现由第一大党的党首担任首相的先例。

之后在首相因疾病或恐怖活动下台时，西园寺都推举同一党派的继任党首同时继任首相之职。那么，执政党内阁在政策上出现僵局时该作何选择呢？“宪政的常规”主张在此情况下，执政党应迅速将政权交与在野党的第一大党。然而事实上从来不曾有内阁在仍有余力的情况下主动下台，都是在无法回避弊政之责时，以濒死状态黯然下台。

不管如何，首相是从政党党首中选出的。当然，这并不意味着西园寺信赖政党，也并不意味着他认为这是最完善的体制。不止如此，他甚至还曾考虑过并非总是由党首担任首相的“中间内阁”的可能性。然而，由藩阀掌握的政权已然是过去式，从整个世界看来，民主主义已是不可逆转的时代大潮。经历了第一次世界大战后，世界列强开始走上国际协调的路线。重视经济和缩减军队成为世界新趋势后，军部及官僚等以往的政治支配势力退后一步，而承载了民意的政党则进一步跃升为政治的主角。这些新形势也是西园寺做出上述决断的时代背景吧。

还有一点，政党自身的成长壮大也是推动西园寺做出上述选择的重要因素。从1920年（大正九年）众议院的势力分布来看，政友会占有278个议席，宪政会为110个，从数字看来政友会占据绝对性优势，这导致人们认为只有政友会才具备分担政权的能力。然而正如前文所述，在1924年的总选举中，宪政会取得了第一大党的地位。原本，对于在第一次世界大战期间担任外相并强行要求中国接受“二十一条”的宪政会总裁加藤高明，西园寺是持不信任甚至是怀疑态度的。但是，宪政会得到国民的支持掌握政权并表现出充分的统治能力后，西园寺也开始认识到两大政党交替掌握政权的两大政党时代已然到来。

然而，护宪三派内阁的联合斗争并未持续很长时间。围绕着政权，政党成员之间产生了新的分歧与斗争。1925年（大正十四年）4月，高桥是清辞去政友会总裁之职，田中义一继任新总裁。田中出身陆军，被视为山县有朋的嫡系亲信，但他却在原敬内阁担任陆军大臣，是亲政友会派人物。继任新总裁后的田中吸收了犬养毅的革新俱乐部，于同年7月取消了护宪三派的联合，但却因此导致了由宪政会单独组建内阁，首相为加藤高明。西园寺一如既往地支持宪政会。外交方面，宪政会以币原喜重郎外相为中心开展的协调外交（币原外交）获得广泛支持，缔结了日苏基本条约，建立了与苏联的外交关系，取得了很多成果。原本对加藤持怀疑态度的西园寺对加藤内阁的政权运营深感安心，对加藤极为信赖；人们普遍认为至此时期他对加藤的评价甚至高于对原敬的评价。

假设1924年的总选举中床次竹二郎所率领的政友本党成为第一大党，则通向两大政党制的潮流应该难以如此汹涌。从这个意义上来说，开辟了两大政党制之路的是西园寺公望，但在丰富其实际内容方面做出巨大贡献的，则是加藤高明与宪政会。

第一次普通选举的影响

1926年（大正十五年/昭和元年）1月，加藤因肺炎恶化溘然离世。其继任者是加藤内阁的重要阁僚若槻礼次郎。1927年3月14日，若槻内阁的财务大臣片冈直温在众议院发表言论，不慎透露东京渡边银行经营失败，导致国民对金融产生深切不安，金融恐慌笼罩了整个日本。无力收拾残局的若槻内阁在枢密院的强烈反对下，成立仅一年便狼狈下台。

在此情况下，意识到政策陷入绝境的西园寺推举第二大党政友会的田中义一总裁担任首相。第一大党的政党内阁向第二大党的政党内阁交出政权，这还是第一次。

跌落为在野党的宪政会吸收、联合因政友会内阁的成立而丧失潜在希望的政友本党，结成立宪民政党（以下简称“民政党”），由在加藤内阁担任财务大臣的滨口雄幸担任总裁。

而另一方面，政友会虽掌握政权成为执政党，却仍是众议院少数派，田中内阁担心无法稳定运营议会，决意在众议院获得多数席位以便稳固政权基础，遂于1928年2月解散议会，重新进行总选举。此次选举是男性普通选举法实施以来的第一次普通选举，选民数量飞跃激增，达到了总人口的20%强。民政党与政友会在选举中展开了激烈的竞争和辩论，采取报纸广告、海报甚至唱片机等多种媒体战略，向激增的选民申明自己的主张并呼吁其向己方投票。

从政策方面来看，民政党承袭宪政会以来的政策，在内政方面提倡紧缩财政，外交上推行币原派的协调外交。而政友会则与此完全相反，内政方面呼吁积极财政，外交上推行田中首相兼外相的强硬政策尤其主张积极入侵中国。两党都将对方的政策作为批判对象，互相指责，屡次交锋。用当今的语言来说，或可称其为“负面选举

（negative campaign）”。

选举的结果，执政党政友会获得217个议席，民政党获得216个议席，仅以一票的微弱优势，政友会险胜。以此选举为肇端，两大政党之间的对立程度愈演愈烈，互相猛烈攻击，彼此使绊掣肘，暴露出过度相互否定的状态。而这很快招致国民对政党政治本身的不信赖与不满，最终导致了军部的抬头。极具讽刺意味的是，尽管这是颇有纪念意义的第一次普通选举，但却并未能保障政党政治的稳定统治。

那么，为何在此时期两大政党的对立尖锐起来了呢？在现代政党政治中，由在选举中获得多数席位的政党执掌政权，通过选举实现政权交替，这是人尽皆知的原则。不过，第一大党由于弊政而非总选举后任命首相的形式下台的情况下，通常会直接改由第二大党执掌政权。因此，在这段为期八年的两大政党时代，加藤护宪三派内阁是唯一的例外，其他内阁皆只能以第二大党的身份开始踏上自己的执政党之路。

由此可见，执政党为保障政权稳定必须解散议会并在其后的总选举中获得多数席位，换言之，这是维持政权的关键命题。具体说来，田中义一内阁刚组建之际，作为执政党的政友会在众议院占有190个议席。田中把握时机于1928年解散了议会，启动总选举，要想保证把持政权就绝

● 两大政党的负面选举

立宪民政党的海报批判“政友会举债摆排场”，同时宣扬民政党“踏实推进整理紧缩政策”，内里稳健，金钱方面也有足够的实力。（法政大学大原社会问题研究所藏）

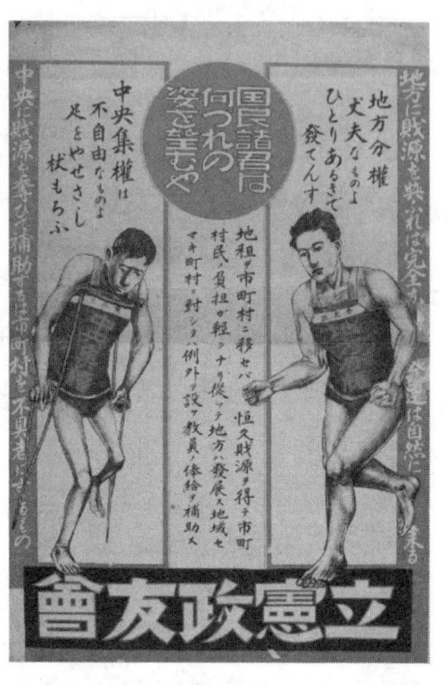

立宪政友会的海报将自己刻画为健康的跑步者，宣称“地方分权乃健康之物，可以独立行走”，同时煽动民情夸大对手党派的不稳定之处，表示“中央集权乃不自由之物，只能跛足仗杖而行”。（法政大学大原社会问题研究所藏）

政党的第一目标=“在选举中获胜”

始终贯彻着击败对手的攻击

国民感情日渐疏离

不容许失败。为此，他们利用内务大臣干涉选举，同时还猛烈攻击敌对的民政党在执政期间的丑闻及弊政。此类行为远不能称为有正面成效的政策论争，只是通过贬低对手攫取自身胜利的赤裸裸的政治斗争。

田中内阁因为无法解决发生于中国的张作霖被炸身亡事件，于1929年7月集体辞职。因为此事件，甚至留下了陆军出身的田中首相无法控制陆军的异常状况。之后由民政党组建的滨口雄幸内阁因为首相在东京站内遭到狙击，创伤无法痊愈，于1931年4月集体辞职。因为这并非弊政导致的辞职，所以由同属民政党的若槻礼次郎组建第二次若槻内阁。然而，受世界金融恐慌的影响，日本经济不振，若槻内阁因此失去国民的支持，后来更因无法控制陆军擅自发动九·一八事变等行动，于同年12月集体辞职。政权再一次转移至政友会手中，由总裁犬养毅组阁。如此，上述几届内阁平均下来基本都是一年左右的短命内阁。

第二次若槻内阁（与第一次若槻内阁）同样短命，甚至未等及总选举便集体辞职。之后的滨口内阁、犬养内阁及田中内阁成立之初均是少数派身份的执政党，故都承袭了通过解散议会启动总选举进而获得多数席位的方式。滨口内阁从173个议席增至273个，犬养内阁则从171个增至301个。如此，在选举中抓住对手政党的过失进行猛烈攻击，这也成为一种固定做派。

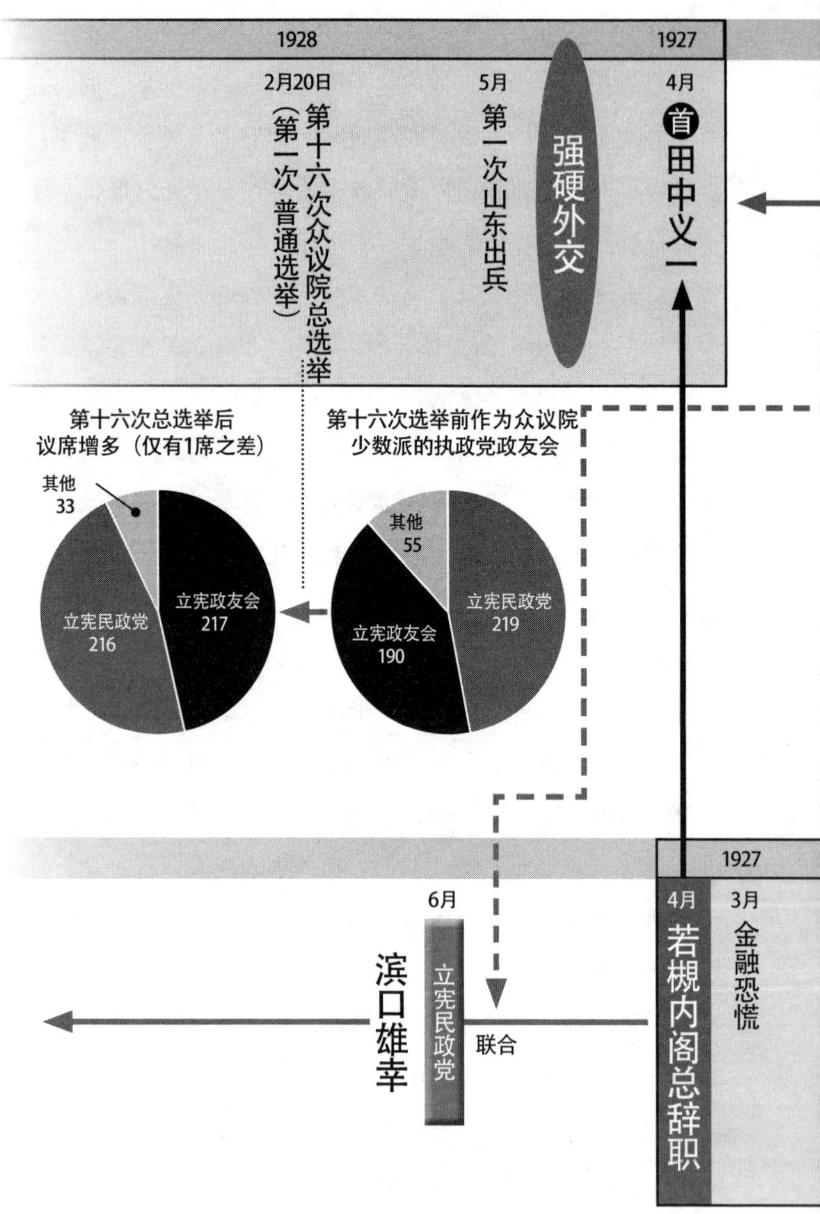
1928
1927
2月20日
第十六次众议院总选举
（第一次普通选举）
5月
第一次山东出兵
强硬外交
4月
首 田中义一
第十六次总选举后
议席增多（仅有1席之差）
第十六次选举前作为众议院
少数派的执政党政友会
其他
33
立宪政友会
217
立宪民政党
216
其他
55
立宪民政党
219
立宪政友会
190
1927
6月
4月
3月
滨口雄幸
立宪民政党
联合
若槻内阁总辞职
金融恐慌

●两大政党成立至崩坏的过程

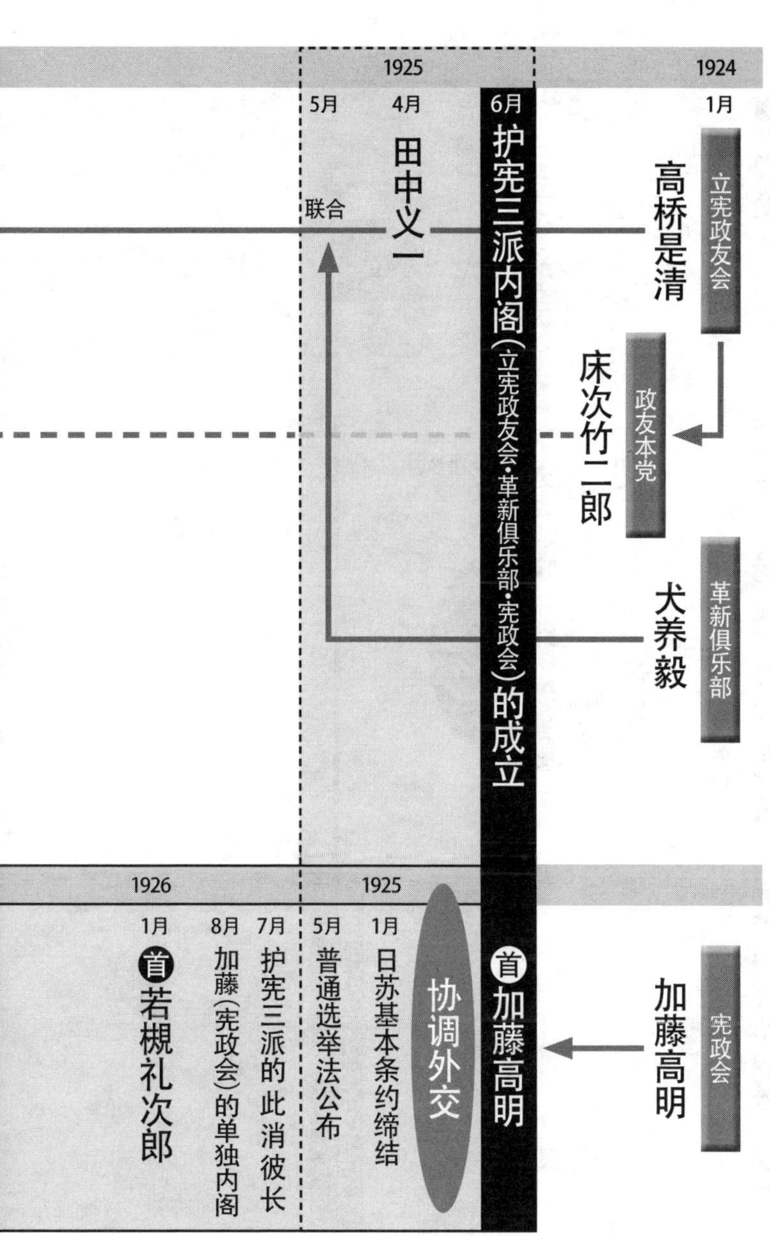

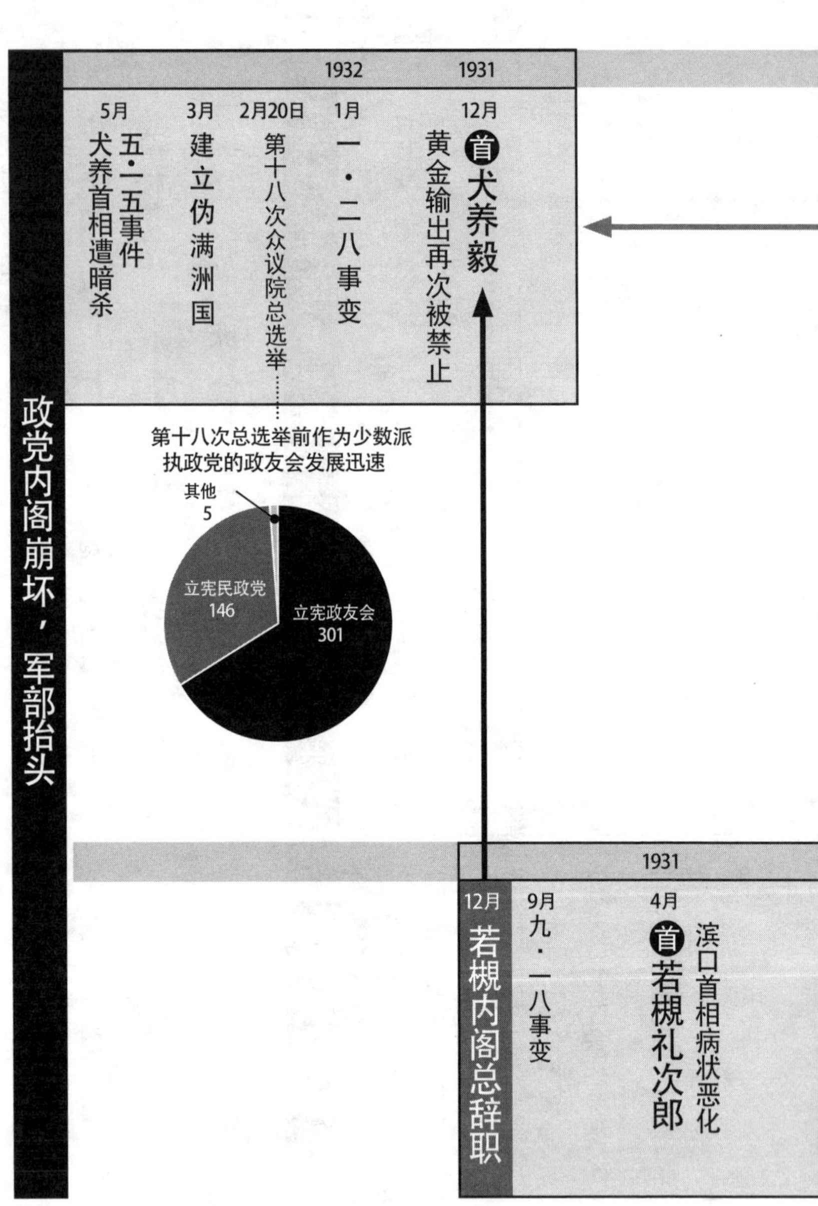
政党内阁崩坏，军部抬头
1931
12月
首 犬养毅
黄金输出再次被禁止
1932
1月
一·二八事变
2月20日
第十八次众议院总选举
3月
建立伪满洲国
5月
五·一五事件
犬养首相遭暗杀
第十八次总选举前作为少数派执政党的政友会发展迅速
立宪政友会
301
立宪民政党
146
其他
5
1931
4月
滨口首相病状恶化
首 若槻礼次郎
9月
九·一八事变
12月
若槻内阁总辞职

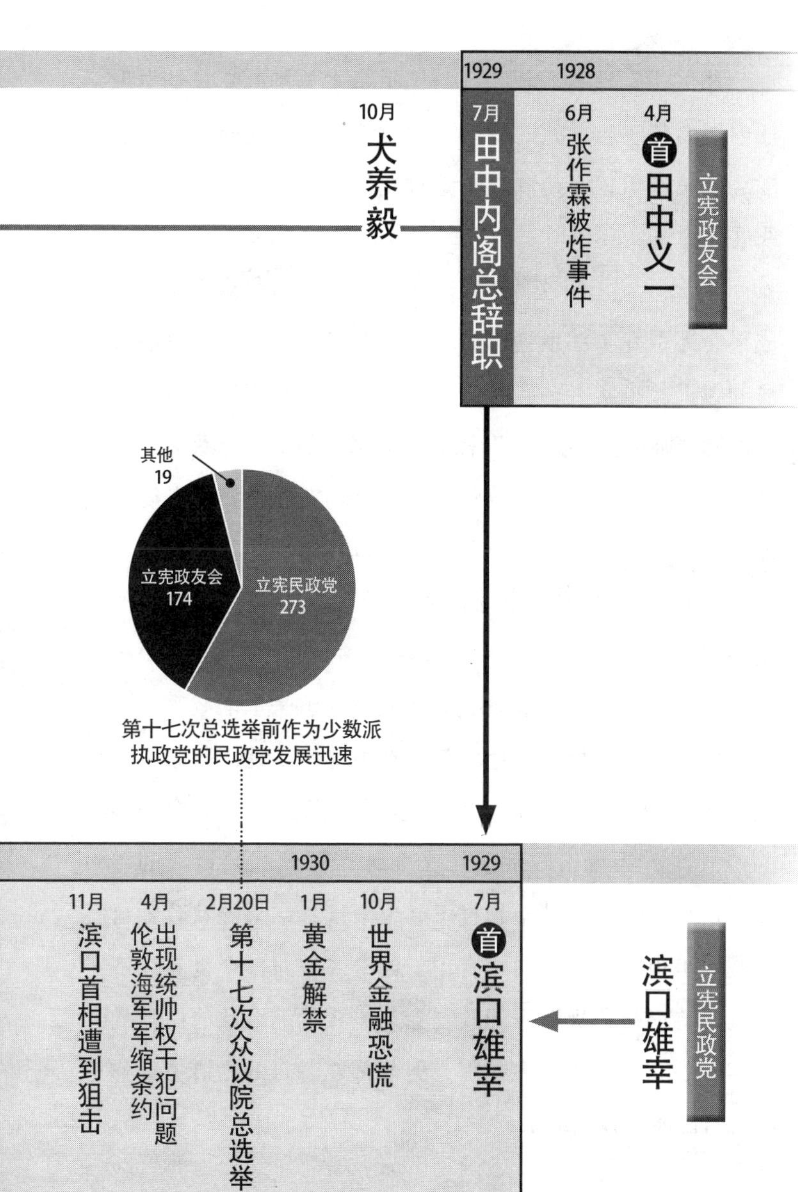
1929
1928
立宪政友会
4月
首 田中义一
6月
张作霖被炸事件
7月
田中内阁总辞职
10月
犬养毅
其他
19
立宪政友会
174
立宪民政党
273
第十七次总选举前作为少数派执政党的民政党发展迅速
立宪民政党
滨口雄幸
1929
1930
7月
首 滨口雄幸
10月
世界金融恐慌
1月
黄金解禁
2月20日
第十七次众议院总选举
4月
伦敦海军军缩条约
出现统帅权干犯问题
11月
滨口首相遭到狙击

事实上，这种政权交替与选举毫无关系，它只是由现任内阁的弊政所导致。故而，此时期政党之间的竞争并非围绕政策论争，而是以在野党对现任内阁的弊政攻击为主线展开的。

两大政党之间这种远离政策论争的权力争斗不仅毫无成果，还引发了一系列严重问题，最终导致了政党政治自身的毁灭。事实上，当时两大政党的基本政策并无根本性的不同。彼时因共产主义/社会主义思想的盛行导致无产阶级政党势力扩大，两大政党的当政者均对此持警惕态度，即便是实现了普选，无产阶级政党也并未获得很多议席、选票，可见两大政党很好地笼络了民众，获得了他们的支持。

与无产阶级政党相比，两大政党能够采取的政策“幅度”并不宽泛，可以说他们都是在彼时常识性的判断范畴之内出台政策的。然而，仅凭这样是无法在选举中获胜的。故而，为攻击政敌，势必要强调彼此在政策上的差异，这种“强调”甚至超过了必要限度，结果导致政党自身被牢牢束缚在自己的“有用”论上。彼时整个世界经济不景气，倡导积极财政的政友会与主张紧缩财政的民政党在实际预算上并无多大差别，但却都在各自的标语中宣称唯有自己能够独立维系下去。

政治争斗造成的军部抬头

上述政党的“堕落”导致日本政治走向一个意想不到的方向。

1926年（昭和元年），即普选实现前的两年，蒋介石领导的中国国民政府挥师北伐，意指统一中国。翌年，北伐军逼近大量日本侨民居住的山东省，政友会田中义一内阁以保护日本及两万多日本侨民的权益为名，出兵山东。此后直至1928年期间共三次断然出兵山东，与中国政府产生激烈军事冲突。

那么，为何田中首相会采取军事行动呢？首要原因当然是首相自身原本就主张对中国采取激进的政治政策，但同时，强调己方外交政策与民政党奉为金字招牌的“协调外交”之间的不同，这种政略上的意图在军事行动中也得到深刻体现。政友会一直指责民政会的外交是“软弱外交”，己方当政时便只能采取强势的军事行动。

田中内阁因无力平复张作霖被炸事件而下台后，重新获得执政权宝座的是民政党的滨口雄幸内阁，该内阁在政治上也着力强调自己与政友会之间的差异。提倡紧缩财政及国际协调的民政党为恢复金本位制，解禁对黄金输出的限制。当时主要的先进国家都毅然解禁了对黄金输出的限

● 经济严重低迷 · 凋敝的农村

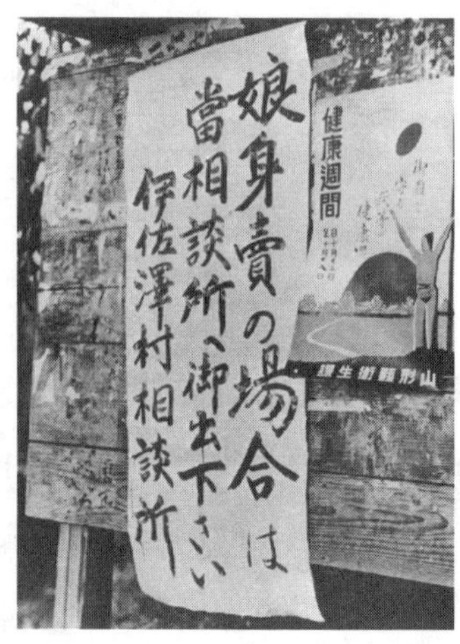

山形县卖女介绍所的广告。因为歉收、饥馑，日本东北有多达6万名女性去往东京。

生活不能得到改善，对政党的不满愈演愈烈

↓

对在中国大陆的军部抱有期待，
民族主义情绪高涨

九·一八事变。为士兵送行的市民们。

制，滨口首相与井上准之助财务大臣均主张如果紧缩财政的同时解禁黄金输出，那么交易市场会相对稳定，即便出现短暂的经济恶化，也可以通过提升国内产业的国际竞争力实现经济的回升。

然而，1929年10月24日，纽约华尔街股价暴跌引发的世界性恐慌也波及了日本，日本经济受到沉重打击，不断恶化。失去国际竞争力的出口产业陷入濒死状态，企业接连破产，城市中的失业者不断增加；雪上加霜的是东北地区遭遇大灾之年，农村的生活无以为继，卖儿鬻女的状况数之不清。这种状况下，两大政党不仅未能采取有效的改善措施，反而一味钻营政治争斗，国民对政党政治的失望与不满愈演愈烈。两大政党仅会在选民中宣扬顺耳中听的口号，不管哪一方执政对普通大众而言都毫无区别，经济持续恶化……

按说，两个政党为了国民的利益，在某些领域也应该可以实现政策统一并协同行动，实际上他们却总是一方竭尽全力维持政权、一方千方百计夺取政权，将所有精力耗费在标语斗争上。若是经济呈上升态势的话，那只知钻营政权争斗的政党政治或许不会招致国民如此强烈的不满，但在经济长期低迷的状况下，政党的政权至上主义完全脱离了国民的生活；如此，原本应是最能够反映广大国民意志的政党政治逐渐失去了国民的支持。

在此复杂的情况下，1930年4月，推行协调外交与紧缩政策的民政党滨口内阁签署了伦敦海军条约。第一次世界大战后，1921年召开的华盛顿海军会议开创了海军裁军的先河，规定美英日三国主力舰的比例为5:5:3。而在伦敦海军会议上，则对辅助舰的保有量也做出规定，其目的是平衡各国之间的军事实力。

日本政府做出妥协，同意日本的辅助舰总保有量为美国保有量的不足七成。但海军内部却分裂为赞成该条约的“条约派”与反对该条约的“舰队派”，那之后，对立的两派成为海军的固定构造。不仅如此，媒体与在野党政友会也对政府的方针展开猛烈批判。为攻击政府，政友会与枢密院甚至抬出大日本帝国宪法第十一条即“天皇统领陆海军”这一统帅条款，对滨口内阁展开猛烈攻击，批判政府不顾海军司令部的反对、执意签署条约的行为触犯了天皇指挥、命令陆海军的统帅权（侵犯统帅权），是违反宪法的。由此可见，政友会为了攻击政敌民政党，不仅刻意祭出已然退隐的枢密院，甚至还与部分海军展开了合作。

从结果上来说，此次侵犯统帅权事件给了军部介入政治的口实。从此，只要时任政府试图做出不符合军队意向的决定，军部就会对政府展开批判，指责其侵犯统帅权，就这样，军部一步一步成为内阁及议会无权干涉的半独立部门。

前文已然述及，因为推行裁军政策而与军部对立的滨口雄幸首相受到右翼青年的恐怖袭击，身负重伤，随后因此离世。继任的民政党第二次若槻内阁未能阻止陆军高声疾呼主张保障日本在中国的权益的动向。1931年九·一八事变发生之际，若槻内阁虽然声称推行不扩大方针，然而最终还是事后认可了关东军的此次擅自行动。之后替代民政党掌握政权的政友会犬养毅原本就与军部关系密切，在犬养内阁治下，关东军占领了中国东北地区的主要地域，并最终于1932年宣称建立“满洲国”。

在长期的经济低迷中饱受苦难的国民对通过入侵中国摆脱经济不振的困境充满期待，由此对军部也抱有亲近感。为获得上述国民的支持，在获取选举胜利及夺取政权方面不惜一切手段的政党主动接近军部及反政党势力，企图利用他们所具备的力量。但是，事与愿违，政党的上述企图非但未能实现，还招致了军部的抬头。

政党政治的终结

事实上，第二次若槻内阁因为九·一八事变倒台之际，若槻首相已经认清单凭自己的内阁已然无法控制军部的独断专行，曾致力于推动实现与政友会的大联合。如果彼时政治家们能够同心协力一起保护政党政治、抑制军部

● 两大政党为何自取灭亡

抵制住军部的反对，强行出兵山东。为出征士兵送行的人群（照片/朝日新闻社）

民政党的若槻礼次郎首席全权代表在伦敦海军条约上签字（照片/每日新闻社）

势力的抬头，那么，或许会改写之后日本所经历的陷入战争泥沼、随后战败的历史进程也未可知。然而，事情却未能如愿。究其原因是因为两党中各自都存在着亲军方势力，各党派的自我意志及私利也掺杂其中，导致联合的构想只能是纸上谈兵。

国民对政党政治及经济低迷的状况怨声载道，而推行独断与扩张的军部恰好迎合了国民的这种情绪，并进而采取了更多无视政治规则的行动。1932年（昭和七年）5月15日，一群海军青年将校袭击了首相官邸，发动了枪杀犬养毅首相的五·一五事件。虽然政友会犬养毅内阁是通过亲近军部而从民政党手中夺取的政权，然而彼时军部的力量如此强大，甚至以政友会之力也已无法牵制他们；更何况，日益高涨的国民的不满也被军部所掌握和利用。

五·一五事件后，接受总理大臣之重任的是曾任朝鲜总督的海军大将斋藤实。在八年间致力于推行政党内阁的西园寺主动更改了该路线，最终选择了另外一条“中间内阁”的道路，组成集结了政党、军人及官吏的“举国一致内阁”，临时叫停了政党内阁。至此，历时八年构建了近代日本政治体制的政党政治宣告终结。之后，西园寺的期待一再落空，至战败为止，政党内阁都未能实现重生。

为何政党政治会遭受挫败？不，或许我们该问“为何他们会招致自断生路的势态”。

1924年，承载着万千国民的期待，政党政治起步，并迎来了实现政权交替的两大政党时代。后于1928年，在日本首次实现了普通选举。然而，现实中的政党政治却终日耽于争夺政权，弊政连连。政党并未在真正意义上关注在经济低迷中生活困顿的国民，也未认真回应国民的殷切期盼，只是一味热衷于争夺政权，一方紧抓政权不放，另一方想方设法拖其下台。

国民对政党政治的期待感迅速变为失望之情。九·一八事变后，军部的独断专行进一步升级。虽然也有人对此动向保持警觉并深感忧虑，但对政党政治失望透顶的大部分国民却对军部寄予很大的期待，对他们违背法规的猖獗行为也保持追随态度。

政党政治以自断生路的形式走到了末路。原敬通过对元老、官吏贵族院及枢密院、军部等各个组织及有权势者的亲政友会化或非政治化、中立化等方式构建完成了政党内阁占优位的体制，但这份遗产在这八年间被不断侵蚀并最终崩盘。究竟为何最靠近国民、以将民意反映于政治为目的而结成的政党未能实现其职责并最终为国民所抛弃呢？

为追寻答案，我们有必要回溯至“真正的政党内阁”诞生的时代，思考其所具备的日本独特性。下一章中，我们将主要关注原敬内阁时代。

第二章

原敬政党内阁的光与影

1918

为打倒藩阀而有意扩大政党势力的做法，形成了政党只重党派利益却无视国民的特质。

转折点◎原敬内阁成立

1914　第一次世界大战爆发

1918　开始出兵西伯利亚

米骚动波及全国

转折点②　**原敬内阁组阁成立**

1919　普选运动扩大至全国

1920　立宪政友会在众议院选举中以绝对优势获胜

1921　宫中某重大事件

原敬首相遭暗杀

米骚动的发端。将鱼津仓库的米搬到船上的主妇们。（照片/每日新闻社）

藩阀政治与山县有朋

在第一章中，我们主要关注了近代日本首次迎来两大政党时代的一九二〇年代后半期。然而，背负着国民的期待登上政治舞台的两大政党——即政友会与宪政会（之后的民政党）却终日耽于激烈的对立与政治争斗，锱铢必较地执着于党派利益与策略，将“为国民的政治”忘于脑后，招致国民的极大不满。最终，导致军部从此缝隙中抬头并介入政治，日本社会一步一步陷入战争的泥沼。

为何两大政党体制会以失败告终？为何以“宪政的常规”为根据、能够实现政权交替的健全的两大政党体制在日本未能站稳脚跟？为找寻上述问题的答案，本章将主要关注真正的两大政党体制在日本得以实现的时代，即1918年（大正七年）原敬内阁成立的时期。原敬内阁的成立可谓是时代的一大转折点。

彼时，开始于1914年的第一次世界大战即将结束，而日本迎来了被称为“大战景气”的经济繁荣时代。时任首相寺内正毅是长州出身的海军大将，深受同样出身于长州的元老山县有朋的影响。当时的内阁被称为“Billiken内阁”[1]。1916年10月寺内内阁组阁之时，从维新的元勋中选出的、具有指名首相权力的元老们已有大半不在人世，除了山县外，就只剩下萨摩出身的松方正义、1912年代表新世代升格为元老的公家出身的西园寺公望。

而这其中，山县以长州出身者为中心，在政界、官界成立了被称为山县阀的组织，具有强大的潜在势力。山县笼络对明治维新做出巨大贡献的藩府出身者尤其是长州出身者组成藩阀。然后，藩阀撇开由通过选举选出的议员所构成的众议院，由藩阀中有势力的自己人轮流占据首相之位，以首相职位为中轴，他们构筑起将贵族院、枢密院、官僚机构甚至军部都掌握在自己手中的体制。而这其中的中心人物，便是山县。

山县是长州藩最下级的武士出身，身份非常低下。借由加入高杉晋作创立的奇兵队而得以发迹，戊辰战争（1868—1869年）中作为新政府军的指挥官屡立战功，明治维新后在创建陆军及推行近代化方面做出巨大的贡献。升任元帅兼陆军大将的山县转而投身政界，历任内务大臣、首相、枢密院议长等要职，与同样出身于长州的伊藤博文同为政界官界最有势力的大人物。可以说，他正是能够代

1 明治末期引进的美国福神，是美国第27任总统塔夫特的爱称Billy演变而来。其发音与日语的“非立宪”相同。——本书如无特别说明，所有脚注均为译者注

表明治政府的政治家之一，是藩阀政治的具象化存在。

原敬所期待的政党政治

对上述藩阀政治提出强烈反对并努力推行政党政治的，是政友会第三代总裁原敬。原氏自1900年（明治三十三年）政友会结党以来，便作为其核心性的存在活跃于政坛。1856年（安政三年）出生于南部藩（盛冈藩）仅次于藩主一族的家庭，是家里的次子。以旧幕府时代的标准来看，他的出身远远高于藩阀政治的中心人物山县等人。只是，南部藩在戊辰战争中是奥羽越诸藩的同盟，被视为“朝敌”，南部藩出身者在中央的升迁、发迹都深受阻碍，经历了很多的苦难。他们试图摆脱困境，在新政府中谋得职位，积极钻研学问。原敬的号“一山”、“逸山”取自“白河以北一山百文”这个对东北的侮辱性称呼，或许便是终生不忘对藩阀的敌忾之心的意思。顺便提一句，至今为止岩手县出身的首相共有四人（分别为原敬、斋藤实、米内光政、铃木善幸），仅次于山口县、东京都，是第三多的县（与群马县相同）。

原氏在明治维新后前往东京游学。在司法省法学校就读后入职“邮便报知”新闻社。作为报社记者，他非常活跃，后任外务省秘书，投身政界。在井上馨及陆奥宗光的提携下屡获提升，直至担任外务次官。陆奥宗光去世后，他离开政界，就任大阪《每日新闻》的社长。1900年，他参与政友会组党，政友会首任总裁伊藤博文担任首相、组成第四次伊藤内阁之际，他接替星亨担任通信大臣。

伊藤博文本人便是长州出身的维新元勋，与山县同为元老中的中心人物。他断定日本的政治必将走上政党政治之路，故而自己组织政党，并数次尝试以自组的政党为基础组阁。而与之相反，山县对政党这个存在本身充满敌意，力图阻止日本政治走向政党政治。明治天皇也对政党持有不信任感，故而明确表示强烈反对伊藤组党。日本的政党原本便是诞生于自由民权运动谱系，其性质中含有浓重的“反政府”色彩，这也是不争的事实。在政友会组党之际，伊藤主张政党之中也需要强烈支持天皇的势力，故而说服了天皇。

原氏主张通过以民意为后盾的政党政治，在政治中反映国民意志。于他而言，山县的存在可谓是一道巨大的阻碍墙。

真正的政党内阁的诞生

1918年（大正七年）日本爆发了席卷全国的“米骚动”。彼时，大量人口从农村涌向城市，大米的供需平衡遭到严重破坏；同时，预估到政府会出兵西伯利亚的商人又大量购进大米囤积惜售，导致米价飞速猛涨。同年7月，富山县鱼津町的四十多名女性聚集在海岸，反对将大米装载运出，以此为发端，陆续发生多起反对转运大米并要求低价出售大米的骚动。随后，报纸以“越中女一揆”[1]为题做了煽动性报道，导致骚动迅速波及周边地区，民众甚至冲向粮食商人、大米批发商、资产家的宅邸，要求供应大米的暴动迅速席卷全国。米骚动历时五十天波及全国各地，参加人员达到七十万人。政府为此出动了超过十万人的军队，与警察联手镇压该骚动。

报纸等媒体持善意态度对该骚动进行报道，认为事件的责任在藩阀政府寺内正毅内阁一方，展开了对政府的猛烈攻击。而政府则试图对报社采取严厉的报道管制，此举又进一步招致报社对政府更为猛烈的批判。以此事件为导火索，寺内首相被迫辞职。

元老山县希望同为元老中“硕果仅存者”的西园寺公望组阁，然而已然辞去政友会第二代总裁之位并决定从政界一线急流勇退的西园寺拒绝了他的提议。面对天皇的垂询，西园寺推举原氏作为寺内的继任者。

山县对政党政治怀有无法抹去的不信任之感，坚决反

1　一揆：即武装暴动。

● 米骚动至原敬内阁的诞生

肇端于富山县鱼津町的米骚动波及全国。遭到打砸抢烧的冈山的碾米公司。（照片/每日新闻社）

镇压米骚动的部队出动。出动的镇压部队波及三府二十三县。（照片/每日新闻社）

民众对藩阀政府的不满爆发  寺内正毅内阁总辞职

真正的政党内阁原敬内阁诞生

对原敬内阁的实现，然而，推举众议院最大势力政友会的总裁原氏继任内阁首相的潮流已势不可挡。9月27日，原氏终于接到天皇要求其组阁的任命，同月29日就任首相之职。这是政友会变身执政党、真正的政党内阁首次诞生的历史瞬间。虽然陆军大臣、海军大臣、外务大臣并非政党党员，但内务大臣、财务大臣、司法大臣、农商务大臣、通信大臣等六大阁僚（司法大臣由原氏兼任）均为政友会党员，堪称是前所未有的格局。

原氏是第一位没有爵位、仅在众议院占有席位的首相。所谓爵位指的是公爵、侯爵、伯爵、子爵、男爵等华族内部的等级，除了旧大名及公家出身者之外，在明治维新中功绩显著者即所谓的维新功臣也曾被授予爵位。顺便提一句，山县被授予等级最高的公爵。

在此之前也曾有过数届政党内阁。只是，那些首相们在就任之际都具有爵位，比如大隈重信是伯爵，伊藤博文是侯爵，西园寺公望是侯爵，虽然他们身为执政党的党首，但在众议院中却都不占有席位。原氏与他们都不同，作为执政党的党首，他不具有爵位，在众议院占有席位，是第一位不隶属于藩阀的首相，故被称为“平民首相”，也因此承载了国民很大的期望。于原氏而言，他并非没有被授予爵位的机会，这种机会甚至有过多次，但他一直坚辞不受。

山县的无奈决断

对于厌恶政党的山县而言，让原氏掌握政权、认可政党内阁实属无奈的决断。山县自认一手促成了明治维新，于他而言，作为天皇制国家政权的明治政府与自己是同为一体的存在，是作为维新元勋的自己及其他人合力拥戴天皇推翻幕府，最终组成明治政府。对于持上述观点的山县而言，所谓国民不过是被统治的对象，自己需要由国民选举出来或者说是将国民的支持作为自己的权力基础，这种意识是非常淡薄的。或许于山县而言，政党会威胁到己方作为国家元首所确立的天皇的宝座，会动摇己方所确定的明治国家的根基，是令人恐惧和警惕的对象。

因此，于山县等权力阶层而言，迫使寺内内阁总辞职的1919年（大正七年）米骚动是一个恐怖的冲击性事件，因为他们深感这必然会动摇政治体制的根基。而在此前一年，世界上也发生了一件历史性的大事件，即无产阶级政权通过苏俄革命得以确立。

受这股颠覆了二十世纪初叶的世界潮流影响，在日本，社会主义/共产主义思潮也以知识阶层为中心开始广泛传播。1901年（明治三十四年），安部矶雄、片山潜、幸德秋水等人组成第一个社会主义政党——社会民主党。当时的伊藤内阁根据治安警察法禁止社会主义政党结党，然而，1906年堺利彦等人还是成立了日本社会党。堺氏等在该党的纲领中加入“在国法的范围内”一文，强烈主张该党是合法的政党。事实上，承认日本社会党结党的，正是在当时的西园寺内阁担任内务大臣的原敬。虽然并无事实能佐证原氏对社会主义持有理解之情，然而对于立志推行政党政治、改变藩阀政治局面的原氏而言，对于这股政党勃发的动向，在限制其发展的基础上予以认可显然具有更重要的意义。

当然，对于以山县为代表的藩阀政治的旗手们所属的权力阶层而言，他们的动向是需要警戒的对象，有时甚至是憎恶的对象。1910年发生的“大逆事件”便可谓是反映了对社会主义思想的警戒心、恐惧心的真实事件。他们宣称发现了社会主义者所密谋的天皇暗杀计划，数百名社会主义者、无政府主义者遭到逮捕，二十四名被判以死刑，其中十二名被处死，另有五名死于狱中。时至今日，事实已非常清楚，这是一起出于政治上的企图，为镇压社会主义势力而人为捏造的事件。而人们普遍认为，与本事件干系密切、事实上甚至是谋划了此事件的，正是山县。之后，山县也一直对左翼势力的扩张保持警惕，推行压制社会主义/共产主义运动的高压政策。

于山县而言，米骚动及苏维埃政权的建立当是非常危险的征兆。他深深担忧民众暴动会推翻他们耗尽毕生心血所建成的国家体制，因而，为阻挡这股潮流，他深感有必要谋求与推行政党政治的势力之间的妥协。最终承认原敬内阁的组阁便是这种妥协的结果。换言之，承认政党内阁的行为是山县为了平复民众的不满而采取的权宜之策。

原氏周全的战略思维

在原氏担任首相之前，以政党为主体组成的内阁很多时候无法摆脱藩阀的掌控。针对此状况，原氏为在日本确立以议会为中心的政党政治做了周全的准备，并在各方面密切注意，为削减藩阀势力而殚精竭虑。

而另一方面，山县为了不将主导权交与原氏所率领的政友会，联合立宪国民党（以下简称“国民党”）及官吏

原敬内阁成立时的政友会干部们（照片/每日新闻社）

系统的小会派与部分宪政会成员，试图在众议院内组成继政友会、宪政会之后的第三大势力。虽然最终这个动向在当时异常高涨的要求实现普通选举的“普选运动”面前乱了阵脚，未能有所进展，但原氏还是由此认识到山县等藩阀势力所具备的不容小觑的力量，并为对抗他们的力量，开始积极活动，努力将山县派系曾占据绝对优势的枢密院、贵族院乃至军部等势力拉入己方。

原氏的努力得到很大的收获，政友会由此网罗了大批人才。陆军的田中义一被外界公认为是桂太郎的继任人选，本是属于山县体系的政治家，但在原敬内阁担任陆军大臣后加入政友会。我们将视线转向行政官厅会发现，司法官吏铃木喜三郎之后也加入了政友会。除此之外，原氏还竭力使枢密院及宫中尽可能脱离政治（非政治化），即便不能使其完全脱离，也尽量使其不站在藩阀一方的立场（中立化）。在这一系列的活动中，原氏表现出周全的战略思维。

另外，针对贵族院，原氏还专门采取措施争取使其最大的会派——研究会并入政友会。正如前文所述，原氏在组阁之初，曾经亲自兼任主要阁僚之一的司法大臣。组阁近两年后的1920年（大正九年），他任命研究会的主要政治家大木远吉担任司法大臣，由此将贵族院完全变为自己的友方（亲政友会化）。顺便提一句，这位大木远吉出身于肥前佐贺藩，是曾担任元老院议长等职的元勋之一大木乔任的三子。

政友会的绝对性胜利

原氏认为，即便是在众议院中，政友会也必须拥有绝对的势力，即获得尽量多的席位，因而想方设法推动修改选举法。其主要内容是扩大选举权，即放宽纳税额资格限制，并将大选区制更改为小选区制。在纳税额方面，通过将之前的直接纳税10日元降低为3日元，选民的数量增加了一倍多。这其中多为支持政党政治之人，对政友会是非常有利的。另，从当前的选举机制中也可了解，因为一个选区只能有一人当选，对于政友会这样的大政党而言，小选区制是极为有利的运作模式。

选举法修正法案于1919年（大正八年）在众议院获得通过，问题在于贵族院的表决如何。在贵族院，山县派系在很长的一段时期内拥有强大的势力，然而大正民主潮流对贵族院也产生了深刻的影响，导致对山县派系势力的排斥日渐强烈。在此情况下，前文提及的原敬首相所推行的种种亲政友会化措施取得功效，法案得以顺利通过。据最近的研究发现，贵族院议员的去山县系化速度快到令人惊讶，1918年末，山县系会派的议员占据了贵族院的31.9%，

● 原内阁推行的选举法修改措施

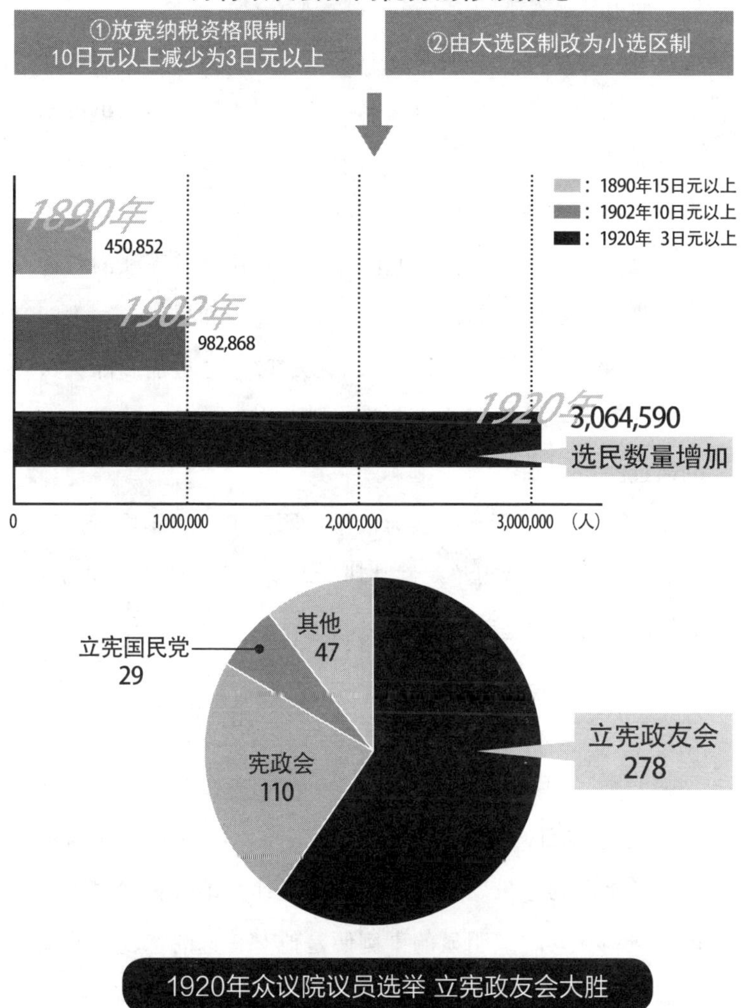

而至1919年末则迅速跌落至12.1%。曾经高居贵族院第一大势力的山县系会派已然沦落为第三大势力。

彼时，普选运动日益呈现高涨态势，然而原氏却几乎不受此影响。他在日记（《原敬日记》）中表示“虽世间有普通选举法之论调，然吾以为今日并非其时机”，坚定不移地致力于通过新选举法为政友会谋取胜利、推翻藩阀政治之大业。顽强坚韧的原氏反过来利用日益高涨的普选运动来警告贵族院的山县系会派的议员，如果修正案不能获得通过，则今后要求扩大选举权的呼声会更加高涨，这会对他们自身的立场造成威胁，以此谋取选举法修正法案的通过。

接下来，以新选举法为依据，原氏于1920年推行众议院选举，政友会获得绝对性胜利，占据了全部议席的60%，原敬内阁的权力基础得到进一步巩固。

原氏与山县——两种个性

另一方面，原氏巧妙地避免了与山县派系之间的对立。这是因为他虽反对藩阀政治，但却并不打算彻底清算山县派系。其中最明显的事例便是他对普选的态度。前文我们已然提及，彼时原氏认为导入普选为时尚早。这种态度实际上可以视为是对彻底反对普选的山县的“妥协”抑或说是“顾忌”。身为在野党的宪政会及国民党已然将实现普选奉为自己的政党方针。原氏则向山县表明如果政友会掌握政权，便可以控制这股要求普选的潮流，力图以此寻求山县对实现政党政治的理解。

以实现政党政治为目标的原氏尽量避免与山县形成彻底对立的态势，表现出一定程度上的妥协与顾忌，希望让政党政治循序渐进地扎下根来。原氏在取得选举胜利的1920年（大正九年）当年便推行文官任用令修改案。所谓文官任用令，指的是有关文官官吏任免的法规，它规定被称为奏任官的高级官吏原则上必须通过一门被称为高等文官考试的任用考试后方能得到任命。然而，地位更高的官吏即由天皇任命的敕任官（中央省厅的次官及局长、府县的知事等）则因为是自由任用，导致各政党在敕任官方面的猎官运动异常激烈。第二次山县内阁（1898—1900年）期间文官任用令得到修订，原则上敕任官也开始采取资格任用制。在护宪运动日渐高涨的潮流中，第一次山本权兵卫内阁（1913—1914年）期间，文官任用令再次被修改，敕任官的任用条件被放宽。原氏则在此基础之上进一步放宽条件，各省厅的次官、警事总监、内务省警护局长等也都采取自由任用形式任免。如此，在历来由藩阀掌控的官僚机构重要职位中安插政党党员这件事便成为可能，于山县派系而言，这是一记重伤。

原氏一边对山县及山县派系采取妥协的态度，同时又不断瓦解其大本营，如走钢丝般保持高超的平衡感，一步一步努力达成实现政党政治与推翻藩阀政治的夙愿。这种平衡感，可以说正是原敬这个政治家的个性，其卓越的政治手腕在近代政治史中也是值得大书一笔的。

对于原氏所展现出的政治姿态及基础的政治手腕，即便是对政党政治持敌视态度的山县也不得不予以认可。1921年，山县因为所谓的“宫中某重大事件”被逼入绝境。这个事件指的是彼时的皇太子裕仁亲王（之后的昭和天皇）与久迩宫良子缔结婚约的翌年，久迩宫家被发现或有色觉障碍的血统，对此颇为担忧的山县私下逼迫久迩宫家辞退婚约。此事件与萨摩、长州两藩的势力争夺裹缠在一起发展成政治问题，山县由此成为众矢之的。在山县遭此危难之际，原氏力排众议，决定让皇太子按照之前他与山县协议通过的渡欧计划前往欧洲，同时向处于幽禁状况中的山县居所派遣心腹，以此表达对山县的支持之意。山县对他的私人秘书松本刚吉表示：“从本次议会的举动来看，原实在是了得之辈。吾窃以为当今无人能出原氏之右。（中略）无论人格抑或做派，实为难得。”（《松本刚吉政治日志》1921年3月27日）可谓对原氏极为赞赏。

然而，仅仅九天之后即同年4月5日，同样面对松本，他却对原氏的政治姿态流露出不满的情绪。“原氏颇为了得。然而，吾所不能理解者，乃其似乎并未理解国家本位与政党本位。有国家，方有政党存在的必要性，是国家重要呢，还是政党重要？”（同上1921年4月5日）

山县对原氏这个“人物”赞赏有加，却终究无法抹去其自身对政党的不信任感。即便如此，事实上山县最终被原氏周全的战略所折服，终于接受了政党政治。

我们将历史回溯至寺内内阁时期的1916年11月11日，在这一天，原氏与山县曾有过如下的政党论争。

> 山县：我并无跟你大不一致的论点。唯有一事与你意见不同。那便是要获取多数议席之事。
>
> 原：率领多数党员牟取功名之类的野心，我一概皆无。仅是根据伊藤公以来的宗旨，认为政党改良之事势在必行而已。而要实现此目标，便需要获得大多数议席。（中略）事实上，若有二百五十名议员支持便可强硬实施政党改良。但若仅以微弱之差过半数，仅是失去五名或者十名支持者便会丧失过半数的程度的话，是无法充分进行改良的。政党的改良唯有政党自身的力量可依。故而为实现其改良，只能要求获取多数议席。
>
> 山县：这也有一定道理。然而我自己却经常

疑惑，将此称为三党鼎立是否合适。

（《原敬日记》）

综上可知，原氏和山县这两位代表了该时代政治的两种个性的政治家虽然在如何评价政党政治的“方法论”方面态度截然相反，然而在政治目的方面却自始至终并无大差。当然，原氏或许是为了拉拢藩阀政治的总代表人山县而有意表示出上述观点也未可知。

不管事实究竟如何，曾经将原氏奉为“平民宰相”而对他寄予很大期望的国民及媒体均认为原氏在掌握政权后即变节与山县妥协，从而深感失望。然而，原氏本身却自始至终都以实现并稳固真正的政党政治为目标，并为此殚精竭虑，奋斗不已。

政党政治的负面之处

在原氏为打击、推翻藩阀及他党而推行的各种战略中，还有一个不可忽视的重要手段。这个手段，简单说来便是通过利益诱导实现政治的扩大，有时又被称为地方利益培养政策的精细化。即从地方的视角出发，扩充铁道、道路、河川、港湾等带有公共利益色彩的基础设施（infrastructure），原氏将其称为“积极政策”。

刚登上政权宝座之际的原氏将自己内阁的基本政策称为“四大政纲”。即1.振兴中高等教育；2.振兴产业；3.完善交通、通信机构；4.充实国防。原氏试图通过积极推进铁路及道路等公共基础设施的建设来实现地方利益，从而赢取地方对政友会的支持并扩大己方势力。1920年（大正九年）的总选举中，政友会获得了改变政局的巨大胜利，这个胜利的背后，便有通过上述积极政策实现利益诱导政治，从而获得地方选民支持这个大背景的存在。

彼时的铁道政策便很好地体现了原氏的利益诱导型政治的特征。明治以来，朝野曾就采用窄轨还是宽轨（标准轨）有过分歧，但最终铺设的是比国际标准轨稍窄的窄轨。

“满铁”总裁后藤新平，同时也是第二次桂太郎内阁于1908年新设立的铁道院的首任总裁，制定计划要将所有的国有铁道均改为标准轨。标准轨有利于铁道运输的稳定化及运输量的增加，不仅如此，朝鲜的铁道及“满铁”出于顺利运送军需物资的目的，已然铺设了标准轨。后藤认为即便单单为实现内外运输的一体化也应将日本国内的窄轨改为标准轨。

然而，政友会的原氏则认为比起改窄轨为标准轨，更应优先推行铁道延伸至地方，强烈主张继续推行低成本的窄轨。原氏与后藤的主张产生冲突，其最终结果是导致改为标准轨的提案被搁置。相较于实现未来运输的稳定，原氏首先考虑的是通过铺设铁道给地方带来利益，由此可赢得地方对自己政权的支持即获得选票。此事件是利益诱导型政治的典型事例。

彼时，社会上甚至模仿“我田引水（只顾自己利益）”出现了“我田引铁”的说法并流传一时，以讽刺这种风潮。大船渡线（现在的JR东日本线）贯穿原氏的出身地岩手县，具体路线为从一关市始发，经由气仙沼市、陆前高田市最终到达大船渡市。但政友会及宪政会双方均为获得地方选票，强行干涉行车路线，要求其经过议员的选区，最终导致该路线七弯八绕，非常不科学。这堪称是“我田引铁”的典型事例。

原氏所推行的积极政策中常见的强硬手法某种程度上扩大了政友会的势力，稳固了政权基础，同时却也招致了可谓是利益诱导型政治附属品的政治腐败，形成了不是由政策不同、而是由党派利益与政策引发政治论争的土壤。在此时期，发生多起牵涉政友会党员的渎职事件，比如1920年发生的东京市冤狱事件、走私鸦片事件、“满铁”的不当经营事件等相继暴露。或许为扩大党的势力而导致党员数量激增，无法有效管理是导致上述事态的原因之一；但是由于更多党员参与政治从而导致他们接触特权的机会急速增加，最终导致政治如此腐败，这也是不争的事实。

其结果就是，原敬内阁在其政权末期的1921年左右，已然完全定型为肮脏的形象，各阶层国民及媒体都谴责其为“多数党的横暴”。在议会制民主主义中，“数量即力量”已是不折不扣的事实。虽然原氏自身是清廉自好的政治家，然而因寄望于通过数量扩大党派势力，最终他已无力控制拜服于权与利诱惑的党员们。

原氏确然堪称卓越的领袖。然而虽然他能控制住自己，但在如何控制日益庞大的组织方面，他过于缺乏自觉性。为实现政党政治，他不得不寻求稳定的多数。为此，试图通过利益诱导型政治扩大政党势力。这一做法在推翻藩阀及其他政党方面取得了一定的成果。然而另一方面，它也导致我们在第一章中述及的政党政治的负面因素在真正的政党政治起步之初即原敬内阁时代便已凸显，在考虑日本的政治状况时，这一点必须予以关注。

为实现推翻藩阀的大目标，结果却导致对党派利益赤裸裸的追求，从中可见政党的局限性或者说是其宿命性。政党本应批判藩阀的蛮横残暴，以实现国民本位的政治为目标，然而至此政党自身却被国民批判为蛮横残暴，这不能不说是一个悖论。作为首个真正的政党内阁而登上政治舞台的原敬内阁，同时展现出了政党政治的可能性与局限性。

陨落的两大巨星

1921年（大正十年）11月4日，原氏在东京站乘车口遭到暗杀。行凶者是大塚站的工作人员，事后他表示暗杀的动机是对政治腐败及原氏曾经反对普选法而感到愤怒。任期内的首相遭到暗杀，这个前所未闻的事件震惊了全世界。

或许，作为权力的掌握者，原氏对自身所承受的危险已有预判，他提前写好了遗书以防万一。遗书中，他表示死后要辞去一切追封，甚至详细记载了死亡的通知、公告的程序及葬仪方法等，从中可见原氏誓与藩阀这个巨大的障碍物斗争到底、为实现政党政治不惜舍弃身家性命的强烈意志。

原氏遭到暗杀的消息迅速传至身在小田原的别墅古稀庵的山县的耳中。据说山县对秘书松本刚吉表示“原是保皇者，他清楚须以皇室为中心。遗憾之极”，并流下眼泪。而原氏遭到暗杀不满三个月，1922年2月1日，山县在古稀庵离世。病床上的山县还曾对随身军医表示“原是个了不起的人物。这样伟大的人物就这样被草率地杀掉，这样的日本让人难以忍受”（《松本刚吉政治日志》1922年1月8日）。由此可见，虽然二人在政治体制的主张方面是对

● 普通选举运动和原敬内阁

1919至1920年，全国对推行普通选举的要求日益盛行。虽然如此，政友会之意在扩大选举权，对真正的“普通选举”却态度冷淡。另一方面，这种态度可以视为是对彻底反对普选的山县有朋的妥协。（照片/朝日新闻社）

原敬虽本意在于推翻藩阀政治，但为了维护其政党内阁的存续发展又表现出对山县藩阀的妥协

国民对政友会的不满情绪日增

“我田引铁” 多数党的暴政 党派利益 渎职事件多发

1921年（大正十年）11月4日原敬被暗杀

立者，但从个人方面却是彼此理解的。

原氏去世后，过于庞大的政友会难以维持党的整体性，走上了分裂与弱化之路。而另一方面，由于山县的离世，藩阀势力也迅速衰败。换言之，由于二人的离去，政党与藩阀这对立的两大势力体制自身也迎来终结。历史走向第一章中所述及的普通选举与两大政党制的时代。

政党组织内阁并成为政治的主体，政党政治的这一基本理念之后也得到继承，但同时，政党政治的“负面遗产”也同样被下一代继承下来。如前所述，那些“负面遗产”是利益诱导型的政治体系，具备与生俱来的渎职体质，说得更严重些，是政治势力拥有者们将政策论争抛在脑后的互相牵扯使绊，是不会带来任何成果的政治斗争的惯例。政党或者说政党政治的上述负面DNA被接下来的两大政党制时代所继承，甚至不免让人感觉它在当今时代也拥有一定影响。

虽然原氏遗留下负面DNA，然而，他耗尽毕生心血来实现推翻藩阀政治这个最高命题，这也是无可争辩的事实。原氏为何要不惜一切代价推翻藩阀政治？又是为何要实现政党政治这样一个全新的政治结构呢？

为得出上述问题的答案，我们必须要回溯并探究政党与藩阀结下深刻因缘的时代。故，第三章中我计划主要着眼于被称为“桂园体制”的时代。

第三章

互相倚靠的政党与藩阀

1905

桂园体制是藩阀与政党相互妥协的产物，但同时也是政党提高统治能力的一个过程。

转折点◎日比谷烧打事件

1900　庚子事变

1901　第一次桂太郎内阁成立

1902　日英同盟

1904　日俄战争开始

1905　朴次茅斯和约签订

转折点③　**日比谷烧打事件**

1906　第一次西园寺公望内阁成立

桂园体制开始

1910　大逆事件

1912　第一次护宪运动兴起

1913　第三次桂内阁总辞职

日比谷烧打事件（图片/每日新闻社）

藩阀与政党相互妥协所形成的桂园时代

在前一章中，我们介绍了以元老山县有朋为代表的藩阀政治以及基于周全的战略思维不断削弱藩阀势力并努力确立真正的政党政治的原敬的轨迹。对于出身于岩手盛冈藩（南部藩）的原氏而言，由萨摩藩、长州藩出身的人事实上垄断政治的藩阀政治是必须推翻的对象。但是，并非采取短兵相接的激烈方式，而是通过与藩阀政治的巨擘山县达成妥协，一步一步扩张自己的党派即政友会的势力，直至大到山县无法控制——这便是原氏采取的战略。

那么，在原敬这样一位大政治家立意推翻藩阀之前，藩阀与政党是怎样的一种关系呢？本章将主要着眼于明治末期至大正初期被称作桂园体制或桂园时代的时期，审视尚处于成长期的政党与藩阀之间的关系。

本章中，将1905年（明治三十八年）日俄战争后发生的“日比谷烧打事件”视为时代的转折点。1904年揭开战幕的日俄战争在翌年1905年的奉天之战及对马海战中，日本军给俄军带来毁灭性的沉重打击，大获全胜，日本趁己方处于优势之时开始议和。1905年8月至9月，日俄双方在担当议和中介国的美国的朴次茅斯召开议和会议。在会议上，双方围绕着各自的底线展开激烈的交锋，最终达成协议，俄国不向日本支付赔款，将南库页岛（日语称为南桦太）割让给日本，同时将关东地区的租借权、南满铁路及其附属权益转让给日本。日本最初的目标是获取整个库页岛并取得巨额赔款，上述的和约条件原本是无论如何也不能接受的，但是，日本在此次战争中耗费了巨额的军费，兵力及补给损耗严重，已然没有继续进行战争的国力，和谈是彼时日本唯一的选择。

然而，这份和约条件被公布后，整个日本国内陷入一种虚脱状态，无处发泄的愤怒与无力感使得国内人心骚乱。朴次茅斯和约签署的9月5日当天，对和谈满腔愤懑的民众在东京的日比谷公园聚集，其数量达到数万人。群众召开大会，决意废弃和谈条约并继续进行战争。不仅如此，他们还袭击了外务省及内务大臣官邸等政府机构及警察署、赞成和谈的国民新闻社，聚集发展成为一场激烈的暴乱。这个事件还波及了横滨、神户等城市，成为声势浩大的反对“屈辱的和谈”的民众运动。

以此为肇端，民众的不满情绪转向彼时掌握政权的藩阀政府。在此潮流中，山县感到了强烈的危机感，而以他为首的藩阀势力也意识到政党的力量不容忽视，开始尝试寻求妥协。其结果便是藩阀与政党之间结成合作关系，之后1906年至1913年的七年间，迎来了藩阀势力与政党交替掌握政权的时代。

这样的政治体制，实质上是原本作为对立关系的两大势力为维护彼此的利益而相互妥协的产物，最终在此期间，从未有过众议院解散并发起总选举，政治体制总体呈稳定状态。这段时期或许可谓是明治宪法下政治最为稳定的时期。从结果上来看，藩阀与政党在彼此了解的基础上，通过交替掌握政权，实现了政治稳定。事实上，与上述政治体制相似的情形在战后也曾出现过。

战后，持续时间颇为长久的被称作五五年体制的政治体制在外界看来，似乎应该是保守政党与革新政党两大政党相互对抗的政治体制，但事实上，它是构建起霞关即官僚与唯一的大保守党自民党长期协调、合作关系的政治体制。

两大势力通过相互协调与合作实现政治稳定，从这个意义上来看，战前与战后的两个政治体制极为相似。或许，希望建立上述宽松又包容的政治体制，从这一点本身就可窥见日本特有的政治土壤。

日俄关系导致的霸权之争

为了解日比谷烧打事件前后的政治状况，我们来回顾一下日俄战争之前的政治状况。

二十世纪即将到来之际，围绕中国东北部及朝鲜半岛问题，日本与俄国关系不善，日本政府为此很是头痛。日俄战争以降，日本与俄国在上述地区的相关问题上呈现尖锐对立的态势。1900年（明治三十三年）6月，清朝发生了针对外国的义和团运动，最终导致庚子事变的发生。欧洲各国及美国、日本共同出兵镇压义和团，翌年的1901年9月，义和团被镇压。但俄国趁机出兵并事实上军事占领了中国东北，义和团被镇压后也继续保持占领，并无收兵的打算。这对日本的安全保障形成巨大的威胁。

在这种背景下，1901年6月2日，陆军大将桂太郎就任首相。桂氏被视为长州的山县有朋系的后继者，可谓是仅次于伊藤博文、山县等维新元勋的“第二代”政治家。以此为契机，政界实现了大跨步的世代交替。然而与之前的历任首相相比，彼时的桂氏总是给人一种“平庸感”。桂内阁的阁僚多是山县系官吏，导致其被外界称为“二流内阁”、“小山县内阁”。

彼时的政界有一个共识，那便是围绕在朝鲜半岛及中国的利益问题，与俄国爆发军事冲突是不可避免的。然而对于在军事冲突之前的安排，政界分为两派，一派是日英同盟派，他们主张与英国结成同盟关系（日英同盟）以牵制俄国；一派是日俄协商派，主张通过与俄国保持和平的协调关系，决定彼此在东亚的势力范围。前者的代表人物是第二代政治家桂氏及外务大臣小村寿太郎。后者的代表人物是第一代政治家元老伊藤博文及同样出身于长州的元老井上馨。

伊藤与井上主张纵使日俄开战无可避免，至少也应延后开战时间。为此，他们提出“满韩交换论”，即日本认可俄国在中国东北的优势地位，以此交换俄国认可日本在朝鲜半岛（当时的大韩帝国）的优势地位。

然而最终1902年日英同盟正式结成，日英同盟派取得胜利。1903年12月30日，政府制定了以“在清国保持中立，以实力将韩国置于支配之下”为前提的日俄战争的方针。时局至此，即便对开战持慎重态度的伊藤等人也只有赞同桂氏、小村等主战派的意见。于是，1904年2月8日，陆军先遣部队登陆仁川，海军则突袭旅顺，由此点燃了日俄战争的导火索。

桂内阁与“扭曲现象”

在日俄开战前夕，桂首相加紧增强军备。1902年（明治三十五年），为达到筹措军费的目的，桂氏向议会提出地租增征继续案，其主要内容是无限期加征对土地征收的“地租”。而对加征地租强烈不满的农村地主阶层则是众议院第一大党政友会的主要支持阶层，因而政友会强烈反对桂首相的法案。

彼时，藩阀政府完全支配贵族院。构成贵族院议员的都是华族、皇族及官吏出身的敕选议员。华族、皇族都是无法违背元勋、元老意志的唯喏之辈。而敕选议员则多是仰仗山县等藩阀鼻息的山县系议员。然而，要想通过此法案，必须得到众议院的批准，为此，必须要获得占众议院多数席位的政友会的支持。

桂氏试图通过威胁解散众议院来迫使政友会让步。在议会中掌握多数席位的政党不愿重新选举，自古至今均是如此，更何况，是年选举才刚刚完成。之前，带着“惩罚”反对政府的政党的意味，藩阀政府经常挑衅要解散众议院。可以说，“解散”是对政党的恫吓。

然而，政友会却坚决反对增税法案，最终议会被解散。翌年的1903年重新举行众议院选举。只是，虽解散了众议院，但由于藩阀势力并不拥有自己的政党，故无法改变由反对势力的政党占据多数席位的局势。最终，政友会成功守住众议院第一大党的地位，再加上反对增税的其他政党，获得了过半数的支持率赢得胜利。

换言之，法案在藩阀政府掌控的贵族院获得通过，而在政党占多数席位的众议院却遭到否决，这一“扭曲现象”并未因解散众议院而产生任何变化。不仅如此，蒙受了解散—总选举这一“惩罚”的政党因此强化了与藩阀政府对决的姿态。上述“扭曲现象”与当今的众参两议院的

“扭曲现象”极为相似。比起政策更优先考虑政局的做法对预算审议及立法等国会基本机能的执行造成很大障碍，这既是1900年初期日本的实际情况，同时也是我们目前所面临的现实状况。

当然，桂首相为打开局面，曾试图向政党靠近、妥协，但他所面临的最大的障碍便是政友会总裁伊藤博文。众所周知，伊藤是维新元勋，与山县同为藩阀的魁首。然而，作为制定明治宪法的主导者，伊藤早已认清为实现以宪法为依据的立宪政治，未来，政党的存在是必不可少的。而另一方面，承继着自由民权运动谱系的民党却总是无法摆脱反体制、反国家的色彩。伊藤将明治国家、大日本帝国的稳定与发展视为至高目标，认为有必要让政党在日本政治中扎牢根基，积累执政经验，最终实现成熟的政党政治即宪政。为此，他选择亲自率领政党，率先参与政党政治。

但同时，作为元老的伊藤也有优先考虑国家整体发展的一面。为挽救因“地租增征继续案”未获通过而陷入困境的桂内阁，伊藤于1903年5月强制政友会接受妥协案，为法案的通过开山辟路。通过伊藤的选择，我们可看出他在政党总裁与元老两个立场之间摇摆不定的复杂处境。

然而，从桂氏立场来看，伊藤是一个令人棘手的存在。他既是与藩阀对抗的政党总裁，同时又是深受明治天皇信赖的元勋/元老，该如何与他相持呢？桂氏为此颇费心思。

在此情况下，桂氏与山县开始着手排除伊藤。在征韩论争之后的政界，山县总是步比他年轻的伊藤的后尘，在伊藤的提携下逐渐成为政坛要人。面对制定宪法、就任首任内阁总理大臣、仕途一帆风顺的伊藤，要说山县心中没有不快，肯定不可能。同是出身于长州藩的下级武士，同样参与策划明治维新，同属深度参与规划国家的盟友，山县与伊藤之间存在着作为竞争对手或者说政敌所无法磨灭的对立情绪。

山县与桂氏自1903年6月至7月间，积极推动伊藤辞去政友会总裁之职。山县甚至直接向明治天皇提出，伊藤同时担任元老与政党总裁不利于统治体系的安定，应该让其辞去政党总裁之职。7月1日，桂氏祭出向天皇提交辞呈的撒手锏。作为撤回辞呈的条件，他要求天皇任命伊藤为枢密院议长，其意图是使伊藤专注于作为元老的责任，迫使其不得不辞去政党总裁的职务。明治天皇原本就对政党并无好印象，当即于7月13日任命伊藤为枢密院议长，伊藤随即辞去政友会总裁之职。被认为是伊藤继承人的前任枢密院议长西园寺公望与伊藤职务互换，就任政友会总裁。

桂氏与山县原本期望通过迫使伊藤脱离政党，实现政友会自身解体。政友会也的确出现了动摇，然而，最终在最高领袖西园寺及崭露头角的原敬等人的努力下，政友会渡过了这个难关。

如此斗争一番的结果就是，政友会的最高职位由伊藤转移至西园寺，藩阀一方山县也退为政治的背景，桂氏则作为首相掌握了实权。

日俄战争背后的密谋之约

日俄战争的战况，正如前文所述，大致是日本占据优势地位，然而在局部战争及会战中是日本军队不断胜利，但俄国暂时先将军队撤回后方，很快就又通过西伯利亚铁路将军力不断运往中国东北，国力的差距彰显无遗。

日本期待着与英国同样持亲日态度的美国能够进行和平斡旋。再加上彼时俄国沙皇尼古拉二世意识到国内出现了可能会招致国家体制颠覆的社会主义革命的苗头，他接受德国皇帝威廉二世的劝告，同意和谈。

日本在日俄战争中取得了胜利，但包括战死及伤病死亡在内的战争死亡人数达到八万八千，同时由于庞大的军费，日本经济也遭受重创。日俄开战以来，政党与藩阀在议会上的对立呈现暂时休战状态，举国一致对外战争。桂内阁为筹措军费，试图出台“非常特别税”，增收所得税及酒税、砂糖消费税等间接税。而政友会对此并未提出反对意见，法案得以顺利通过。但由于增税，国民生活进一步恶化。

正因为经历了如此苦难的境遇，多数国民对在朴次茅斯和约中日本未从俄国获取赔款而感到强烈不满，这种情绪演化为对政府的强烈批判，并最终导致本章开头所提及的日比谷烧打事件。桂内阁不得不颁布戒严令，并将维持首都治安的任务全权委托给军方。该事件导致死十七人、伤两千人、逮捕两千人，虽然事件逐渐平息，但民众对政府即藩阀政治的怒火并未平息。作为众议院第一大党的政友会的动向备受民众关注。

然而，政友会并未站在反政府的立场批判日俄和谈条约。这或许是因为西园寺等政友会的首脑们在对藩阀政治持对抗意识的同时，也意识到要想取代藩阀成为统治体系的主体即掌握政权，必须在一定程度上控制这股民众运动，如此方能作为主体担负起日俄之战的战后体制。

日俄和谈之前的1905年（明治三十八年）4月，全面掌握政友会党务的原敬与桂首相之间达成一个密约。桂氏问及战争结束后的前景展望，原氏是如此回答的。

“无论战争以何种条件终结，多数国民都不会满意。彼时若不能与政府联合，政友会唯有与国民同声合气而已。”（《原敬日记》1905年4月16日）

原氏预见到民众会对和谈条件不满并导致政情混乱的

局面，他明确告诉桂氏，如果政友会不能以联合内阁等形式参与政权，就只能站在民众的立场对抗政府。

桂氏也毫不犹豫地回应了他。

“余已有牺牲自我的觉悟。余决心退出战后经营之案。彼时必将推举西园寺。”（同上）

桂氏表示将于和谈成立后让位，并与原氏约定，将举荐政友会总裁西园寺担任下届首相。原氏接受了这份密约，并在日记中写下这件事“仅有余与桂知”（同上）。换个角度考虑这件事情，也可认为是桂氏向原氏求助，表示愿意将政权让与政友会以换取政友会对和谈及战后体制确立方面的合作，而原氏回应了桂氏的请求。因为有了这份密约，政友会并未与以日比谷烧打事件为肇端的反政府运动保持同步，而是自始至终都采取静观其变的态度。

另有人认为，在旅顺港的俄国舰队溃败、日本胜利在望之际，即1904年12月8日，这份以将政权禅让与西园寺为条件来获取和谈支持的密约便已然结成了（《原敬日记》同日）。不管真实状况如何，都意味着日俄战争结束后这一由藩阀与政党（政友会）联合执政的政治体制于战争尚在进行之时便已然决定。

这份密约的知情者在政友会中只有总裁西园寺及与原氏实力相当的松田正久，桂内阁的阁僚中只有财务大臣曾祢荒助与海军大臣山本权兵卫，元老中只有伊藤博文与井上馨。山县并不知情，与山县关系密切的农商大臣清浦奎吾及陆军大臣寺内正毅也未获通知。清浦、寺内之所以未获通知应当是防备山县获知内情。山县非常厌恶政党，他们预测设若山县事先获知内情，必会破坏密约，因而桂氏将政权让与政友会—西园寺这个举动必须瞒过他。

然而不久之后，山县通过伊藤之口获知了这份密约。他异常愤怒，明确表示对桂氏的不信任感，然而桂氏辩称自己并非将政权让与政友会，而是让与侯爵西园寺，试图以此说服山县。

桂氏本人及外人都认可他是山县的后继者，然而至此，我们可看出此二人之间早已存在着无法消弭的鸿沟。这同时也意味着曾经在政界有着潜移默化影响力的山县及伊藤等元勋/元老们的势力开始衰退，是世代交替确然在进行的证据。

桂园时代的安定及其界限

1905年（明治三十八年）12月21日，日比谷烧打事件以后的混乱告一段落后，桂内阁全体总辞职。桂氏按照密约，指定政友会总裁西园寺公望为继任首相，第一次西园寺内阁正式组阁。政党与藩阀结成密切的合作关系，开启了西园寺与桂氏交替组阁的时代。我们来看一下之后内阁的演变史。顺便提一句，在此期间，除了第一次及第三次桂内阁由元老指定首相之外，其他均是由桂氏与西园寺互相指定对方为继任者。

第一次桂内阁（1901年6月2日—1905年12月21日）

第一次西园寺内阁（1906年1月7日—1908年7月4日）

第二次桂内阁（1908年7月14日—1911年8月25日）

第二次西园寺内阁（1911年8月30日—1912年12月5日）

第三次桂内阁（1912年12月21日—1913年2月11日）

人们从二人姓名中各取一字，将此时代称为“桂园体制（时代）”。前面我们已经提到，该时代是宪政史上政治最为稳定的时期，但换个角度，我们也可以认为这是政友会与藩阀互相协调私相授受政权的时代。换言之便是围绕政权宝座的“未出发胜负已决”的时代。

政友会与藩阀之间定下的互相交换政权的“密约”彼时被称为情投意合之举。不管哪一方执掌政权，双方都在议会操作方面互相合作，在政策方面也努力找寻妥协点，维持合作关系，这在双方已是心照不宣之约。

当然，藩阀与政党在政策方面本是有着明显分歧的。比如，在军事方面，藩阀将通过增强军备实现扩军路线作为第一宗旨。尤其是日俄战争胜利后，作为世界一等国家的自我意识膨胀，寻求与英美匹敌的强大军事力量的呼声

● “透过园侯见桂公”

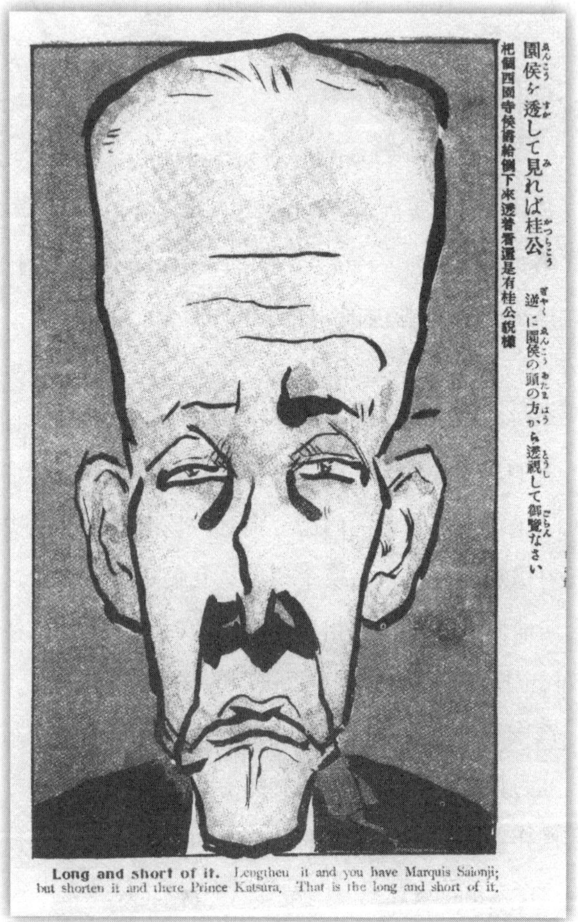

1911年（明治四十四年）9月11日《东京PUCK》上刊载的西园寺公望的插图。是年8月30日第二次西园寺内阁成立，该插图讽刺其是与桂太郎合谋的政权交替行为。上面印有“请从园侯的头部透视一下”字样。（国书刊行会《漫画杂志博物馆5·东京PUCK》）

在军部及官界日益高涨。然而，要推行扩军路线就需要增加军费，而为筹措军费就必须要增税，这一点在日俄战争中已显露无遗。也正因为如此，政友会担心由于经济负担增加而失去国民的支持，基本上对扩军路线持反对态度。

日俄战争中，桂内阁为筹措军费，两次临时增税，征收“非常特别税”，具体措施包括提高地租、营业税、所得税、酿酒税及各种消费税，同时开始新增石油消费税、毛织物消费税等其他税收，香烟及食盐实行专卖。法案出台之际，曾约定日俄和谈成立的翌年年末便废止，然而政府却违背此约定，试图将其变为永久税收。

这招致国民的强烈反对，不断爆发反对非常特别税的群众运动，但桂内阁与西园寺内阁都没有将其废止。藩阀一方为实现军备扩张，极力想要保住非常特别税作为他们的税收源。而政友会一方为了维护支持其政权的地方地主阶层的利益，推行铺设铁路、整备海湾等公共事业，也极力想要维持积极的财政政策。政友会为获取全国各地的支持，作为争获选票的手段而推行公共事业，这种政治体制在战后日本也得到继承。

原本，藩阀一方对于政党所推行的积极政策颇为不满，而政友会也对藩阀所推行的扩军路线持反对态度。然而，两派势力为了彼此的利益互相妥协，即一定程度上接受对方的要求，以换取己方要求被认可，换言之他们选择了一种可称为“互相倚靠”的政治体制。藩阀与政友会基于“互相倚靠”而形成合作关系，合力驳回非常特别税的废止法案，并维持扩军路线，推行以公共事业为主体的积极政策。

上述政治体制与前文提及的战后五五年体制即自民党（永田町）与官僚机构（霞关）互相倚靠、在相互妥协中实现各自利益的政治状况极为相似。现在，掌握政权的民主党宣称要清理永田町与霞关之间的关系，实现国民本位的政治。然而，不正是因为其表现出反官僚的姿态才导致政治处于停滞状况的吗？

总之，通过上述藩阀与政党的“互相倚靠”，桂园时代基本保持一种政治稳定状态。而“情投意合”的体系既符合藩阀寻求短期稳定的意图，又迎合了政友会谋求长期稳定政党政治基础的利益。

第一次护宪运动与大正政变

然而，这种背离民意的统治体系不久便露出破绽。代表着明治时代的明治天皇驾崩，1912年7月30日，日本步入大正时代。当时，由于日俄战争造成的巨大财政负担，再加上战后仍持续增加的军事预算、积极财政预算，西园寺内阁处于濒临破产的财政危机边缘。人们对适合新时代的

● 西园寺公望给桂太郎的书函

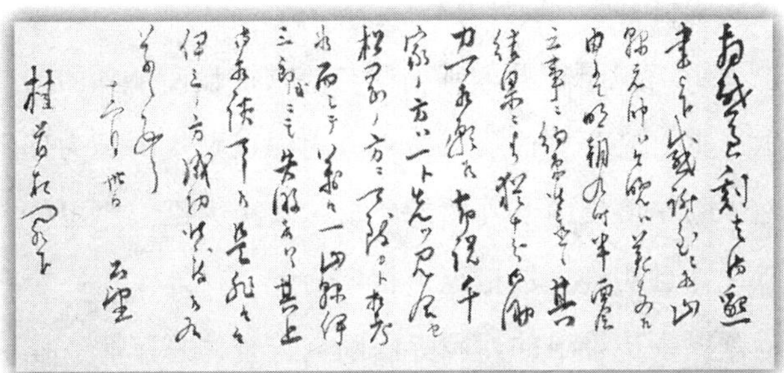

1905年（明治三十八年）西园寺公望给12月21日总辞职的桂太郎的书函，落款日期为12月30日。西园寺告称“明晨九时半与山县元帅约定会面”，同时提及“松冈康毅为农商大臣候补”、“山县有朋的养子山县伊三郎为邮政大臣候补”，提前就此征求桂氏的意向。翌年1月7日，第一次西园寺内阁成立，然而入阁的立宪政友会成员包括西园寺在内仅有三人。（国立国会图书馆藏）

1911年（明治四十四年）2月7日，西园寺公望给桂太郎的书简。在此前的1月29日，桂首相招待政友会议员，宣传与立宪政友会的合作关系（情意投合）。西园寺在本封书简中评价道，“本次决断实乃符合时机之举”，并随即表示“此乃向天下宣示彼此将诚心诚意精诚合作之最佳表达”。右下便是写有“情意投合”字样的信封。

新政治体制的呼声也日益高涨。

在此背景下，西园寺内阁与要求增设两个师团的陆军产生严重对立，更加陷入绝境。内阁以财政困难为理由，拒绝了陆军增设两个师团的要求，陆军大臣上原勇作因此辞职，并且明确表示拒绝被指定为下一任陆军大臣。在政权运营上举步维艰的西园寺内阁被迫全体总辞职。桂氏取而代之进行第三次组阁，然而国民各阶层却认为这是陆军与藩阀的霸道行径，予以强烈批判。以“打倒阀族”“拥护宪政”为口号的反政府运动——“第一次护宪运动（宪政拥护运动）”由此开启并愈演愈烈。

前文我们已经提及，桂氏与山县之间的关系已不同于以往，变得比较微妙，但国民仍将他们视为同样的藩阀势力，强烈谴责政权从西园寺转移至桂氏。事实上，桂氏自身采取的是延缓陆军扩军等与陆军及山县阀并不一致的相对温和的对应政策，但这也导致他失去了藩阀、山县阀的支持。不仅如此，桂氏为了强化己方的支持基础还结成新党，试图构建新的桂园体制。然而，这个构想招致山县及政友会双方的忌讳，桂内阁陷入自我灭亡的状态。

1913年（大正二年）2月，要求推翻桂内阁的群众包围了国会议事堂，与警察产生冲突，东京市由此陷入混乱状态。至此地步，桂氏意识到政权已不可维系，组阁仅五十三天便匆忙下台。这一系列暴乱被称作大正政变。这种情况下，海军出身的山本权兵卫被指定为继任首相，长达七年之久的桂园体制迎来终结。

桂园时代为何会崩塌？我们可以想到各种各样的原因，但最本质的、最具有决定意义的还是财政困难。要求陆海军扩军的藩阀因为财政困难而被束手束脚，以保障农村地主及地方名门望族利益来获取支持的政友会因为财政困难而无法维持公共事业等积极政策。古语有云“钱尽缘分绝”，民众无法原谅藩阀与政党的上述弊政行为。藩阀也好，政党也罢，都并非为了国民而是为了己方的利益而推行政治，在财政困难的严重事态中，上述本质表露无遗。民众对这种闭塞状况的不满日益强烈。

同时，明治天皇驾崩后，人们开始期待继明治维新之后能够出现可称为“大正维新”的新政治状况。然而，可谓是藩阀政治金字招牌的桂太郎却重新掌握首相宝座，民众的情绪转向桂氏个人并爆发出来。所谓大正政变，便是民众的不满情绪及闭塞感不断酝酿并突然迸发的政治事件。

桂园体制带来的影响

桂园体制下，政治维持相对稳定，但同时藩阀与政党的“互相倚靠”关系也呈现出常态化趋势。在众议院中掌

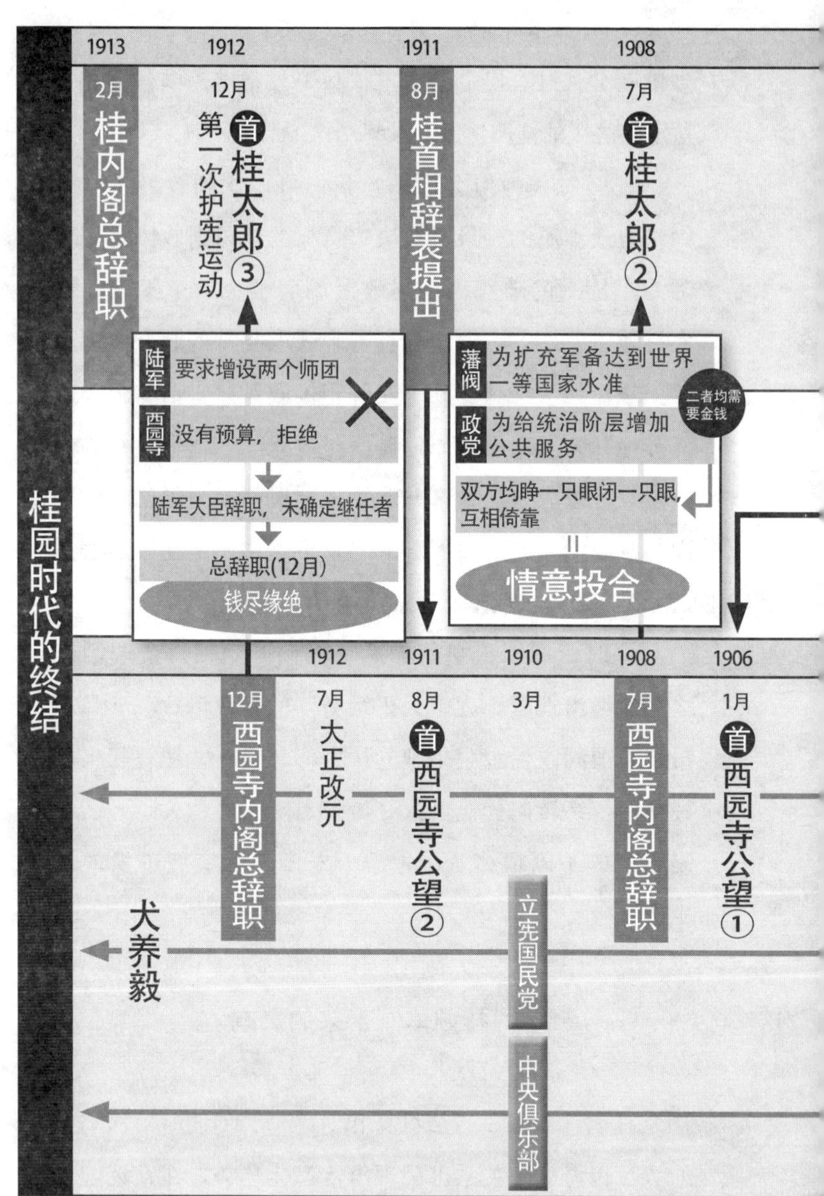

桂园时代的终结
1913
1912
1911
1908
2月
桂内阁总辞职
12月
首 桂太郎③
第一次护宪运动
8月
桂首相辞表提出
7月
首 桂太郎②
陆军 要求增设两个师团
西园寺 没有预算，拒绝
陆军大臣辞职，未确定继任者
总辞职(12月)
钱尽缘绝
藩阀 为扩充军备达到世界一等国家水准
政党 为给统治阶层增加公共服务
二者均需要金钱
双方均睁一只眼闭一只眼，互相倚靠
情意投合
1912
1911
1910
1908
1906
12月
西园寺内阁总辞职
7月
大正改元
8月
首 西园寺公望②
3月
7月
西园寺内阁总辞职
1月
首 西园寺公望①
犬养毅
立宪国民党
中央俱乐部

● 桂园时代

藩阀（长州）
1900
10月
（首伊藤博文④）
1901
6月
首桂太郎①
1902
1月
日英同盟
1903
3月1日
第八次众议院总选举
1904
2月
日俄战争开战
1905
9月
朴次茅斯条约签订
日比谷烧打事件
12月
桂内阁总辞职
立宪政友会
175
宪政本党
85
帝国党
17
其他
99
政党
1900
10月
首伊藤博文④
大隈重信
立宪政友会
宪政本党
帝国党
1903
7月
西园寺公望
1905
12月
大同俱乐部

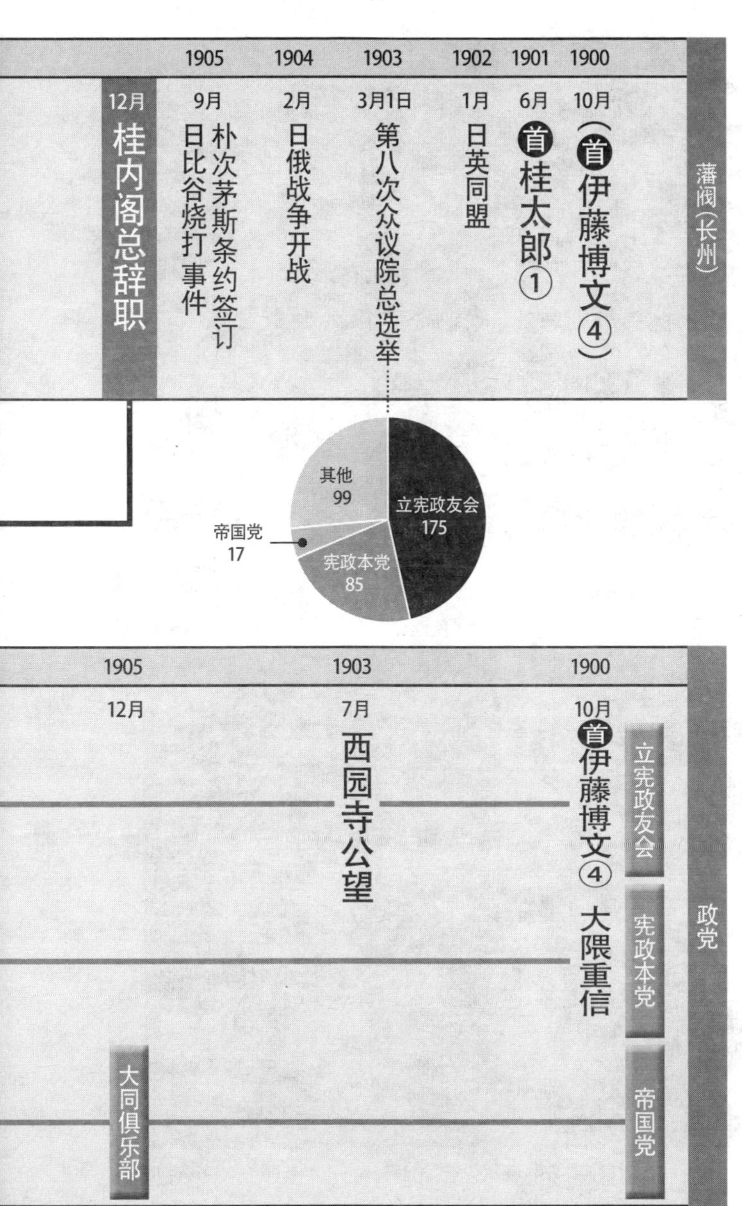

● 第一次护宪运动及桂内阁的崩塌

陆军推翻了第二次西园寺内阁后，军阀桂太郎借助天皇的权威组阁，这招致国民的强烈愤慨，酿成了以“打倒阀祯”“拥护宪政”为口号的第一次护宪运动。这是一张能够表明亲密关系的纪念照片。大正天皇的右侧是桂太郎，左侧是山县有朋。（照片/每日新闻社）

以推翻桂内阁为目标，包围国会议事堂的群众。（照片/朝日新闻社）

握多数席位的政友会通过与藩阀合作而稳固了势力基础，一直保持第一大党地位。其结果导致政友会一家独大，其他政党很难存活的弊端。只要藩阀驯顺，政友会便诸事无忧。只要获得政友会的支持便可越过议会，议会成为徒有其表的躯壳。这种状况也与五五年体制下的霞关与自民党的关系完全一致。

第二章中我们已经提到了，打破这种状况并实现真正的政党内阁的是政友会的最高实力者原敬。然而本章中我们也看到，促成桂园体制的肇始者也正是原敬。

对于立志推行政党政治的原氏而言，即便勉强自己与藩阀妥协，也要促使政党参与政治，在政治上站在负责任的立场，提高统治能力及实际政绩是绝对必要的。事实上，通过桂园体制，政友会确然稳固了自己的政权基础。但另一方面，政党政治的基本机能，即将民意反映于政治却明显出现了偏差。

之后掌握政权的原敬调整方向，力图削弱藩阀的影响力，实现政党政治。而在此过程中，政党政治也表现出诸如与藩阀的互相倚靠及堕落为利益诱导型政治等负面因素，这一点必须多加注意。

为何日本的政党及政党政治会怀有上述宿疴顽疾？为何政党未能实现自立？下一章中我们将继续沿着历史回溯，去探究政党与藩阀的关系原点。

第四章

无理念政党的迷失

1898

首届政党内阁的挫败，促使藩阀势力增强，并招致妨碍其后政党政治发展的恶果。

转折点◎第一次大隈内阁成立

1890　第一次帝国议会召开

1894　甲午战争爆发

1895　马关条约签订

三国干涉

转折点④ **1898　第一次大隈内阁（隈板内阁）成立**

共和演讲事件

第二次山县有朋内阁成立

1899　文官任用令修改

1900　军部大臣现役武官制确立

帝国议会众议院（照片/国立国会图书馆）

政党内阁的诞生

在第一章至第三章中，我们回溯了真正的政党内阁在与藩阀的激烈斗争与相互妥协中诞生、政党暴露其负面因素导致失去民众的支持、政党之间相互抗争招致军部抬头最终导致政党政治被迫终结的过程。尤其是第三章中，我们特别关注了给日本带来政治稳定的“桂园体制”实质上是政党与藩阀互为倚靠、私相授受政权的这一事实。

为何本应以国民支持为根本而成立的政党未能实现真正意义上的自立？为了进一步清晰刻画出政党政治所包藏的问题点，第四章中我们将回溯并缕析诞生了日本首届政党内阁的帝国议会初期时代。

本章的时代转折点是1898年（明治三十一年）第一次大隈重信内阁的诞生。

首先，我来解释说明一下为何这会成为一个巨大的转折点。第一，日本首届政党内阁的诞生当然是划时代的，这一点不言自明。在此之前的政府—内阁中，都是促成明治维新的萨长派系的功臣，即所谓的维新元勋们或私相授受或依次传递般轮流就任首相之职。除却因为政变而下台的板垣退助及大隈重信、因为哥哥西乡隆盛在西南战争中成为叛臣而坚辞不肯就任首相的西乡从道，身居政坛要职却从不曾担任首相的只有井上馨等数人而已。政党内阁的诞生相当于在藩阀独霸一方的状态下打开一扇窗户，意义重大。

只是，这个内阁却是两大对立政党为了获取政权而在两周左右的短时期内匆忙联合后形成的政权。他们并不谋求政治理念及具体政策的一致，只是临时组成的政权。由于内部斗争带来的混乱导致政权无法长久维持，很快便瓦解崩塌。日本首届政党内阁诞生，这一历史性尝试彻底失败。

所谓政党原本应是志同道合者在某个统一理念之下集结而成，然而由于本次内阁的短命、失败，导致政党在实际上成为仅考虑党派立场即己方利益的存在，这一印象在人们心中根深蒂固。而另一方面，承继维新元勋一脉的藩阀政治虽然使得政治成为萨摩及长州等部分藩阀出身者的私有物、垄断物，从而备受诟病，但同时他们具有统一的理念，即追求国家利益，为了一个“崇高的”目的即体现国家利益而集结在一起，这一印象同样在人们心中根深蒂固。

这样的结果在很大程度上决定了政党与藩阀的关系，有关这一点，我们从第一章至此已看得非常清楚。

开设国会与政党的结成

接下来，我们看一下第一次大隈重信内阁诞生的过程。

此过程中，起到关键作用的共有三位人物，伊藤博文、大隈重信、板垣退助。伊藤，众所周知，他是长州出身的大政治家，是藩阀政治的关键人物。明治政府成立初期，伊藤还只是号称维新三杰的功勋人物之一木户孝允的属下，而随着三杰木户孝允、西乡隆盛、大久保利通相继退出历史舞台，伊藤的存在感日益增加，不久便在大日本帝国宪法的起草中担负主导性作用，直至就任首届内阁总理大臣，堪称是一位政治履历非常光辉的政治家。

大隈重信出生于肥前佐贺藩的高级武士之家，幕末作为尊王派斗士活跃在政界。明治维新后，他得到萨摩小松带刀的举荐在外交界及财政界崭露头角，1870年（明治三年）便成为参议员，1873年成为财务大臣，可谓是火箭式升迁的仕途。比伊藤年长三岁的大隈在此阶段可以说比伊藤排位更前。之后，大隈因将国有资产出售给民间而引发的“明治十四年政变”下台，淡出政权中枢位置。下野后的大隈为开设国会而结成立宪改进党（以下略称“改进党”），站在了批判萨长藩阀政府的立场。

● 第一届帝国议会开会

《大日本帝国议会图》　松斋吟光　绘

1890年（明治二十三年）7月举行了第一届众议院选举，同年11月召开了第一届帝国议会。图中央站立的发言者正对主席台发表演说。发言者的后方，一楼的左层是议会议员座席。也可见到人民旁听席和新闻记者旁听席。二楼左手方王座是为天皇亲临而设。此外还分设了皇族成员席位、官员旁听席、人民旁听席、华族席和内阁大臣席位。（图片/东京都江户东京博物馆藏、东京都历史文化基金会图像档案，摄影：上野则宏）

土佐藩高级武士出身的板垣退助比大限年长一岁。历任土佐藩要职后，在戊辰战争中他率领土佐藩兵转战各地。1871年他在明治政府中担任参议员，但在征韩论争中失败，与西乡隆盛双双下野。之后的板垣与同样出身于土佐藩的后藤象二郎一起参与自由民权运动，提出诸如设立民选议院白皮书等建议，为开设国会结成自由党。由此可见，大限、板垣两位年长者堪称是比伊藤更早担任参议员的前辈政治家。

1890年（明治二十三年）7月1日，根据前一年颁布的大日本帝国宪法，举行第一届众议院议员总选举。300名当选者中，属于自由民权运动体系的民党获得174个议席，超过半数。民党内部再细分，板垣等自由党系获得125个席位，大限的改进党获得46个席位。

虽同为民党，但自由党与改进党是相互对立的关系。自由党提倡法国模式的激进自由主义，是继承全国各地自由民权运动的政治团体联合结成的政党。而改进党推崇的是英国模式的渐进式议会政治，尽量避免激烈的变革。

基于民党在众议院议员选举中获得多数席位这样一个结果，同年11月25日召开了第一届帝国议会。时任首相是山县有朋。我们已数次介绍山县是藩阀政治的化身，可谓是政党政治最大的障碍。伊藤虽已卸任首相之职，但作为元勋仍备受重用，在帝国议会中担任贵族院议长要职。伊藤、大隈、板垣三人在此阶段是彼此对立的关系。

第二次伊藤内阁及其与自由党的合作

在此，我们尝试整理伊藤博文担任首届首相以后的历任首相名单，结果如下。

（第一次）伊藤博文（1885年12月22日—1888年4月30日）

黑田清隆（1888年4月30日—1889年10月25日）

——帝国议会开设——

（第一次）山县有朋（1889年12月24日—1891年4月9日）

（第一次）松方正义（1891年5月6日—1892年7月30日）

（第二次）伊藤博文（1892年8月8日—1896年8月31日）

（第二次）松方正义（1896年9月18日—1897年12月25日）

（第三次）伊藤博文（1898年1月12日—6月24日）

在此期间，第二次伊藤内阁时代的1894年（明治二十七年）夏至1895年春，围绕着朝鲜半岛的归属问题，日本与清朝之间爆发了甲午战争。日本获得胜利，两国签署了马关条约，获得了两亿两白银的赔款，据说这个数目大约相当于彼时国家财政收入的三倍半，同时还得到了辽东半岛、澎湖列岛及台湾等割地赔偿。然而，随即便因以俄国为首的法国、德国以所谓“三国干涉”的形式强迫日本放弃占领辽东半岛，日本无奈接受了该要求。

此事使得俄国和日本围绕朝鲜半岛、中国东北部的归属问题形成强烈的对立关系，日本国内对俄国的警戒情绪异常高涨。这种背景下，不仅陆海军的当事人、伊藤首相自身也强烈意识到扩充军备与军队现代化乃当务之急。在三国干涉进行之际，山县有朋提出一份“扩充军备意见书”，要求将陆军步兵一个师团的预算提升至彼时的两倍。

面对这个事态，改进党及其他少数民党认为接受三国干涉、归还辽东半岛乃是伊藤内阁的一大败举，并对此展开强烈批判。而另一方面，自由党遵循被伊藤保举为外务大臣并在推动甲午战争中扮演主要角色的陆奥宗光的路线，加深与政府的关系，支持伊藤内阁。改进党等在外交上推行强硬路线的势力被称为“对外强硬派”，他们在第九议会上提出弹劾内阁上奏案。但，将自由党拉入己方阵营的伊藤否决了这份提案。之后，伊藤将掌握众议院多数席位的自由党变为参政党，以此通过了自己的预算案，收服了议会。作为支持政府的回报，自由党的板垣于1896年4月被任命为内务大臣。

甲午战争后的战后经营方面，最重要的问题在于如何筹措出保障扩军的最低限额预算。作为第一财源首先进入决策者脑海的便是“地租”即增加对土地的课税。增收地租是政府夙愿。然而，民党主要是以恢复甲午战争中凋敝的民力为名义，打着“通过减轻地租实现民力休养”的旗号，才得以在议会中扩张势力的。增收地租会损害作为党的支持阶层的农村地主阶层的利益，民党很难接受这一点。

为了消除民党的强烈反抗情绪、顺利增收地租，伊藤不仅将自由党拉入政权，还试图让进步党（改进党于1896年3月果断与其他小会派实现大联合，组成新的进步党）也加入政权，他计划让大隈担任外务大臣。伊藤还希望通过让元勋且是财政专家的松方担任财务大臣，以构建内阁与议会举国一致的合作体制。但是，这份构想未能获得板垣及松方等人的赞同，内阁改造以失败告终。时至此时第二次伊藤内阁成立已是四年有余，伊藤以此为契机提出辞职。

第二次松方内阁及其与进步党的合作

伊藤辞职后，松方正义经明治天皇亲自推荐接任首相之职。松方曾试图婉拒任命，然而天皇表示绝对不允许其推辞。松方让大隈担任外务大臣，构建起进步党做执政党的体制。自由党通过接近伊藤得以参与政权，而进步党则积极与松方正义合作。如此，自由党与进步党相继参与政权。而作为与藩阀政府合作的回报，两党皆得以将自己的党员推上高级官僚、知事等地方领袖的宝座，稳固了党的基础。

但是，最终由于与进步党的合作破裂，松方内阁也未能持久。以松方为首的萨摩藩与进步党合作本就是为了对抗“伊藤博文与自由党”这对组合，而并非出于政策根本的一致性。更何况，虽然松方是萨摩藩出身，但萨摩藩却并非以松方为中心紧密团结的整体。换言之，松方的政权根基不稳也是导致其政权软弱无能的要因之一。

进步党的大隈为了打开局面而主张让伊藤博文入阁，然而伊藤本人对此表示拒绝。之后，以松方拒绝进步党的要求为肇端，进步党正式与政府断绝合作关系。陷入绝境的松方内阁态度突变，开始寻求与自由党合作，甚至试图依赖明治天皇的领导力，然而均未奏效，1897年（明治三十年）12月24日刚召开议会，翌日即25日便宣布解散众议院，同时松方本人也提出辞职。彼时或许可谓已是山穷水尽也。

第二次伊藤内阁与第二次松方内阁，两届内阁都在探索藩阀与政党的合作。政党在国会中与政府合作，以此谋求政府对己方党派及支持势力有利的回报性补偿。并且，政党还尤为注意谋求人事即大臣、次官、知事等官职。政党的胃口越来越大，而藩阀政府为了议会运作只能勉力予以满足。这两者之间的拉锯战迟早会失衡，这一点非常明确。

第三次伊藤内阁——超然主义与新党设立计划

松方辞职，众议院解散总选举，在这一系列严峻事态中，能够接任下届首相的，唯有伊藤。伊藤在组织第三次伊藤内阁时，曾相继向大隈的进步党与板垣的自由党征询阁僚职位的建议，并谋求他们与政府的合作。但是，大隈与板垣却都乘人之危，向伊藤提出高得过分的职位要求，伊藤无奈断绝了与政党合作的念头，组织起标榜“超然主义”即不受政党左右的内阁。其基本班底是，山县系的芳川显正担任内务大臣，元勋级的井上馨担任财务大臣，同属元勋级的西乡从道担任海军大臣，陆军大臣则由被称作长州第二代的山县系桂太郎担任。

众议院总选举于1898年（明治三十一年）3月15日举行。其结果是，自由党获得98个议席，保住自己国会第一大党的宝座，而进步党则获得91个席位，表现不俗，由此形成两党相互抗衡的局面。

此时，外交方面所面临的最大问题是如何安然度过东亚的军事危机。甲午战争失败后，中国成为列强的狩猎场，德国租借胶州湾，俄国租借旅顺及大连，中国面临着被瓜分的命运。

作为上述军事危机的连锁反应，日本国内为扩张军备及推进军队现代化，围绕增税问题也产生了很大的争论。松方内阁未触及增税问题便被迫解散，这成为他们遗留给伊藤内阁的“作业”，增税（增收地租）问题成为后者不得不面对的问题。

伊藤于5月26日向议会提出包括增收地租在内的增税案。其具体方案是通过地租、所得税、酿酒税这三项税金挖掘出3160万日元，通过铁道及电信收入360万日元，要求年收入增加共计3500多万日元。

伊藤抱着绝不退让的信念来到议会，坚定地向议会表示，这项增税案是整个国家的问题，并非为了现任政府的利益，而是为了守护国家的利益，希望议会支持政府。然而，在众议院的表决中，这项议案以27票赞成、247票反对的悬殊比例遭到否决。

6月10日，尽管距上次议会解散不过半年，伊藤还是毅然决定解散众议院。之后，伊藤为组建能够成为自己的政权基础的政党，于6月13日召开内阁议会并请求元老山县参加。然而，山县姑且不提，就连伊藤的盟友井上馨也反对伊藤组党。井上对伊藤提出忠告，建议他暂时将政权让与政党，然后静待国民对政党失望之后再一次组阁。

而另一方面，以绝对优势埋葬了增税案的自由党与进步党也于被解散之前的6月7日左右突然迎来了联合的机遇。大隈与板垣消解了之前的对立，在打倒藩阀政府方面达成一致，于6月22日组成了新的宪政党。占据众议院约八成席位的巨大政党由此诞生。

对事态变化甚为担忧的明治天皇于6月24日召开御前会议，听取伊藤、黑田、山县、井上、西乡、大山岩等元老、元勋的意见。伊藤表示元老中没有一人愿意承担起政权，自己也未能组建起政党，这种情况下，应该让在议会中占多数席位的宪政党组建内阁。山县对此极为震惊，他强烈反对组建政党内阁，提议由元老全体出动共同面对当前的困境。而西乡与大山则持与伊藤同样的观点。最终此次御前会议未能得出一个结论，伊藤向天皇提出辞职。天皇垂询伊藤是否可以由自由党一党承担政权，伊藤则回答只能由大隈与板垣二人共同承担政权，除此别无他法，天皇无奈，对此表示认可。

第一次大隈内阁的诞生

翌日即6月25日，伊藤在首相官邸招待大隈与板垣，并向他们表示自己决心将下届政权托付与他们。

“雨中烦请二位（大隈、板垣）莅临，乃是为表达余之决心，（中略）为敦促二位毅然担负起国家重任的决心。”（《伊藤大隈板垣会见录》伊东巳代治关系文书）

闻听至此，板垣极为震惊。

“侯爵[1]的辞呈实是令人震惊。虽民间党已实现联合，（中略）将来之国务诸事如何计划如何实施，尚未相互交换意见。”（同上）

板垣认为宪政党结成不过数日，尚未在政治上达成一致，鉴于此，力劝伊藤收回辞职意愿。

然而，大隈的态度却很是不同。

“（伊藤）侯爵既已做出如此果断决定，我们须及时考虑善后之策。”（同上）

换言之，大隈明确表示既然伊藤表示要让出政权，自己便别无选择，只能接受。

最终，二人接受了伊藤的请求。之后的6月30日，大隈任首相、板垣任内务大臣的内阁成立了。在明治天皇的强烈支持下，陆军大臣由桂太郎担任，西乡从道继续留任海军大臣，其他阁僚均由宪政党员担任，这便是首届政党内阁诞生的时刻。虽说是政党内阁，但正如我们在第二章中

1　伊藤博文于1884年7月7日被封为伯爵，1895年8月5日升为侯爵，1907年9月21日升为公爵，1898年此时身份为侯爵。

所说，大隈、板垣均有爵位，虽是党首但在众议院中却没有议席，是一届与正常的政党内阁稍有不同的政党内阁。人们从大隈与板垣的姓名中各取一字，称其为“隈板内阁”。

帝国议会开设之初的藩阀政府，包括伊藤内阁在内，都标榜自己奉行“不被政党意愿左右”的超然主义。然而，自议会开设之日起民党一直在众议院中占据多数席位。这种情况下，在预算出台、立法方面，政府是无法越过议会的。如不能说服占据多数席位的政党，国会便无法运作，故而，所谓超然主义，最终也只能是有违逻辑的一纸空谈。

或许在伊藤内心深处，是有只能将政权托付给政党的想法的。然而同时，他肯定也看透了，仅用两周便联合成立的宪政党很快便会暴露出其局限性。井上馨也曾经忠告伊藤，这个政党内阁很快便会在政权运作方面陷入僵局，从而失去国民的支持。相信这是藩阀政府一方所共有的判断。

再进一步说，或许伊藤也是想通过将政权交与宪政党，让政党实际体验一下现实政治的艰难之处。获取政权，并非单纯为了满足猎官这样低水准的欲望，同时也必须背负起政权运作的困难，或许伊藤希望通过实际的体验，让政党人士意识到这一点。

联合政权的迷失与崩塌

事实上，隈板内阁成立之初便面临着很大的问题。首先是阁僚职位的分配问题。原自由党系与原进步党系之间展开了角逐，其中围绕大臣职位的竞争尤为激烈。尤其是作为主要职位的外务大臣一直无法定下人选，最终只能由首相大隈兼任。另外，大隈还撤除了很多各部厅的次官、局长及各府县的知事，换上宪政党的人才担任其继任者。这也使得政党内部猎官运动日益白热化，激化了他们在人事上的对立。

前文我们已经提到，宪政党是匆忙打造的政党，政策上并不一致，也未进行充分调整。其政党纲领也是由自由党与进步党的主张拼凑而成。比如，在此时期全国铁路网不断扩大，原自由党多系主张铁路国有化，甚至计划向国会提出铁路国有建设议案。但大隈首相本人却一直都是坚定的铁路私有化论者，坚决反对铁路国有化。可以说，他们在政策上完全未达成一致。

不仅如此，围绕我们已多次提及的扩军预算，大隈内阁也面临着更大的分歧。陆海军大臣均是上届留任，扩军计划只能继续进行。但是，由此带来的增收地租却因党内的强烈反对而未能实行。无奈，大隈只能出台新导入酒税、糖税等消费税（间接税）的方针。

不肯增收自己的支持阶层所抵触的地租，就全面提高整个国民都包括在内的消费税。这就是政党自私的体现，同时也是本章开头所提到的只追求自我利益的政党方针。

针对这种不能一碗水端平的做法，党内也有不满的声音，也有人对这份增税案展开批判。田口卯吉是一位很有影响力的党员，他曾经如此表述。

“政党内阁倒是轻易成立了，然贫民的幸福却日益被削减。（略）增加消费税让事态更加恶化。”（《世间竟无贫民之友乎》，见于鼎轩田口卯吉全集六卷《东京经济杂志》）

围绕增税的党内意见对立加速了原自由党系与原进步党系的主导权之争。而导致两派对立更加严重的是八月末发生的“共和演讲事件”。文部大臣尾崎行雄（原进步党系）在演讲中慨叹金钱万能的风潮，表示如果日本实行的是共和制的话，那么三井、三菱等财阀的党首应该是总统候选人了。这个内容被认为是对天皇的大不敬，引发党内外的强烈抵制，板垣要求尾崎辞职，同时要求从原自由党系中启用其继任者。板垣甚至于10月22日直接谒见明治天皇，请求罢免尾崎。

而原进步党系却不愿让出文部大臣的职位。因此，大隈任命原进步党系的犬养毅继任文部大臣。犬养虽是原进步党系的重要成员，但最初却特意将其置于阁外以调和均衡两派的矛盾。在两派围绕文部大臣继任者产生激烈冲突之际，让充当调和角色的犬养继任文部大臣，实际上是一个严重的判断失误。犬养就好比是缓冲两派斗争的最后一个堤坝，现在这个堤坝崩塌了。

最终，10月29日，板垣代表包括他自身在内的三名原自由党系阁僚提出辞职。受这一事件影响，以原自由党系重要人物星亨为首的一派决议解散党，宣告结成以原自由党系为中心的新宪政党。内阁与党都陷入分裂状态。

至此，大隈本人仍无交出首相宝座之意。但是，藩阀势力却表示板垣等原自由党系脱离之后的政权已然有违隈板内阁成立之初的宗旨，要求大隈辞职。明治天皇也持相同意见，并最终要求大隈辞职，隈板内阁成立仅四个月便崩塌。元勋们探听明治天皇对继任内阁的意见后，表示支持山县再度组阁，如此，继任首相毫不费力便确定由山县担任。

第二次山县内阁的反扑

第二次组阁的山县已经清晰意识到，没有政党的合作，政权运作是无法进行的。虽然实际上他的阁僚中并无政党党员，但他却与新宪政党（原自由党系）的指导者

● 《团团珍闻》中描述的隈板内阁

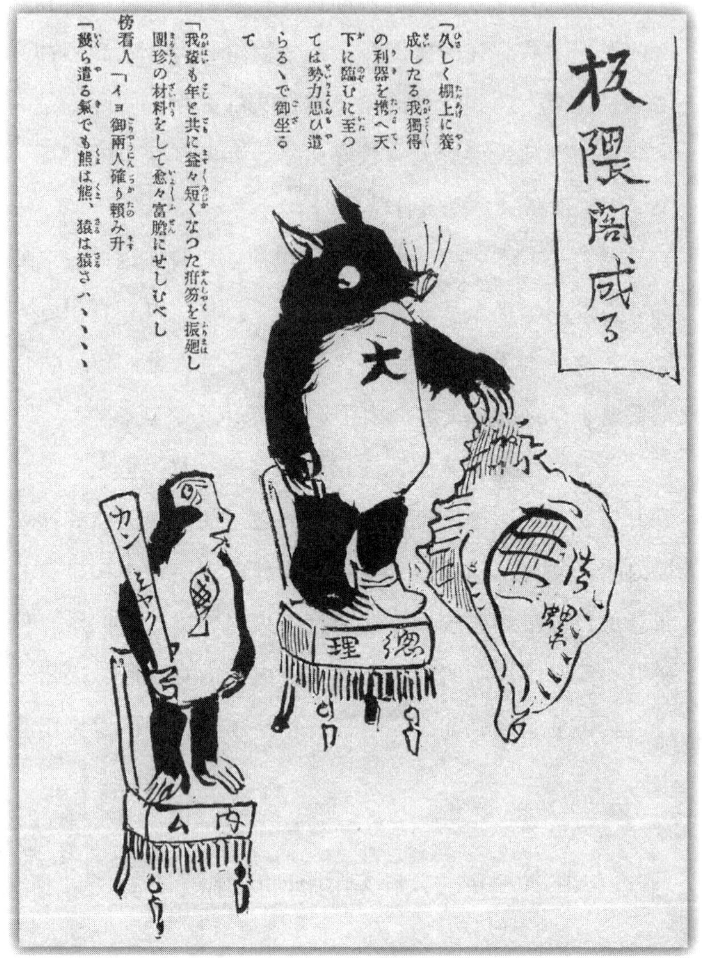

1898年（明治三十一年）7月2日的《团团珍闻》发表的漫画：大吹法螺的大隈首相与脾气暴躁的板垣内务大臣，无论怎么干，依旧熊是熊，猴是猴。同年6月30日成立的隈板内阁于11月8日宣告崩溃。（图片/国书刊行会《漫画杂志博物馆2·团团珍闻》）

星亨结成合作关系，并且在他的内阁总辞职之际，还推举结成立宪政友会的伊藤博文担任后继者。即便如此，仍必须要避免出现政权运作及国家的重要政策被政党左右的事态，他在任期间做了如下部署。

山县对政党的猎官运动感到异常愤怒并感知到强烈的危机感，于1899年（明治三十二年）3月着手修改文官任用令。我们在第二章中已经介绍过，这份修改后的文官任用令规定在行政机关担任高级官员的人必须是高等文官考试的合格者。如此一来，即便政党内阁诞生，也无法将党员无限制地输送到行政机关。

不仅如此，山县还引进军部大臣现役武官制，这一点我们在第二章也已有介绍。根据这个规定，陆海军大臣只能由现役军人担任，山县支持的军部由此得以与内阁保持一定距离，他可以继续发挥自己的强大影响力。如果对内阁的方针不满，只需拒绝从现役武官中保举军部大臣便可。事实上，现役武官制之后也得到继承，虽曾一度被废止，但最终于二・二六事件后，广田弘毅内阁重新启用该制度，通过军部不派大臣的方式，将数个内阁逼入解散或放弃组阁的境地。

总之，从结果上来看，以大限为首相的政党内阁的诞生一定程度上加强了山县等藩阀势力的危机感，激发了他们推行阻止政党扩张的政策。

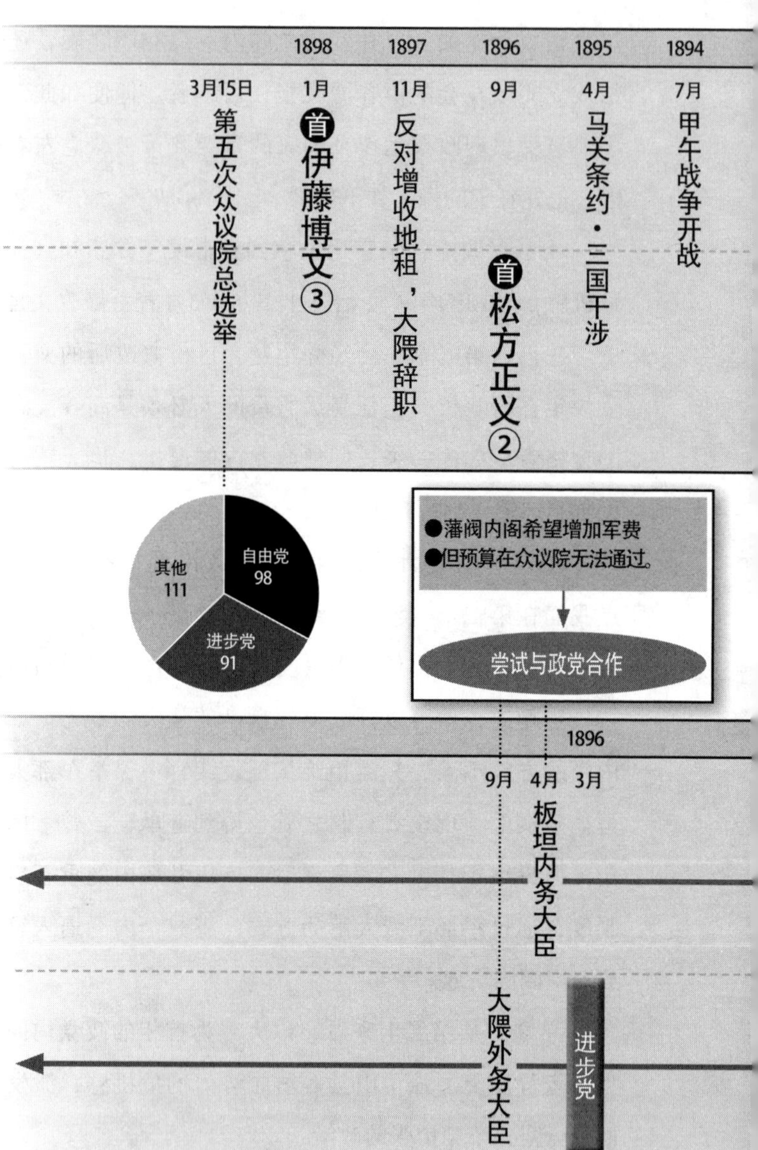

1894
7月
甲午战争开战
1895
4月
马关条约·三国干涉
1896
9月
首松方正义②
1897
11月
反对增收地租，大隈辞职
1898
1月
首伊藤博文③
3月15日
第五次众议院总选举
自由党 98
进步党 91
其他 111
●藩阀内阁希望增加军费
●但预算在众议院无法通过。
尝试与政党合作
1896
3月
4月
9月
板垣内务大臣
进步党
大隈外务大臣

● 藩阀内阁与政党

长州阀
萨摩阀
1885
12月
首 伊藤博文①
1888
4月
首 黑田清隆
1889
12月
首 山县有朋①
1890
7月1日
第一次众议院总选举
11月
第一次帝国议会召集
1891
5月
首 松方正义①
1892
8月
首 伊藤博文②
自由党系
125
立宪改进党
46
大成会
79
其他
50
总理大臣为首的阁僚都从藩阀中选出
政党
板垣退助
自由党
1890
9月
立宪自由党
1891
3月
自由党
大隈重信
立宪改进党

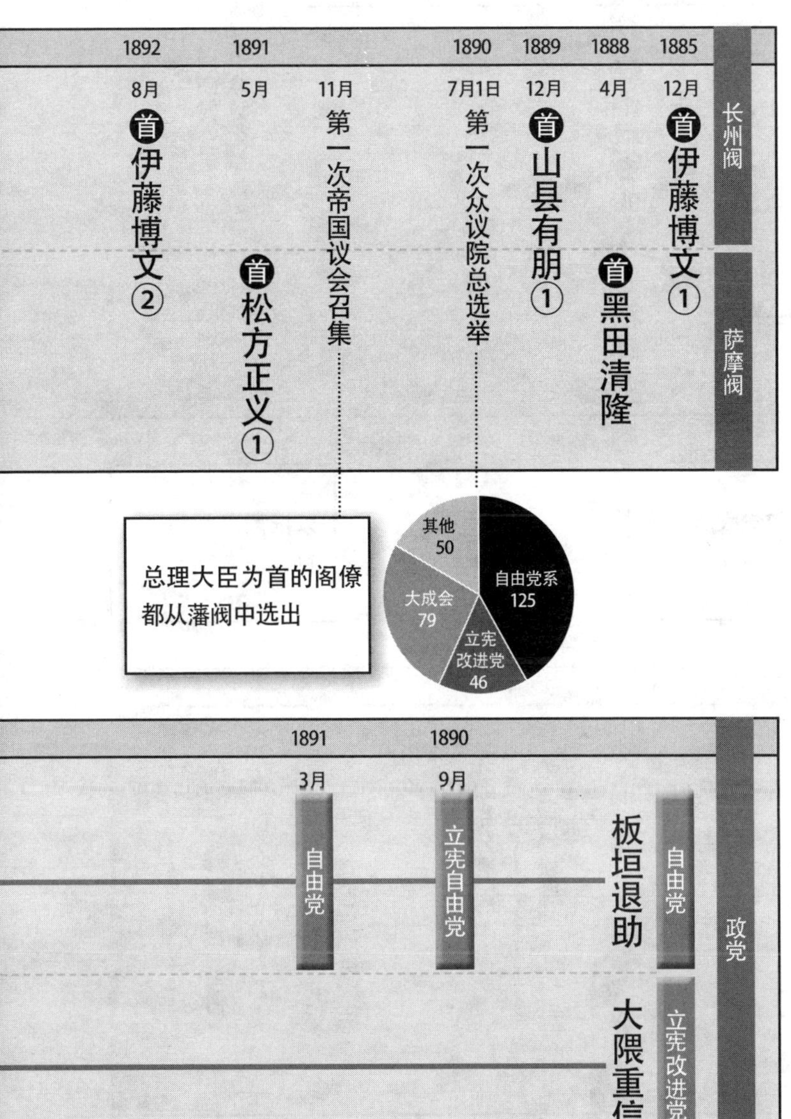

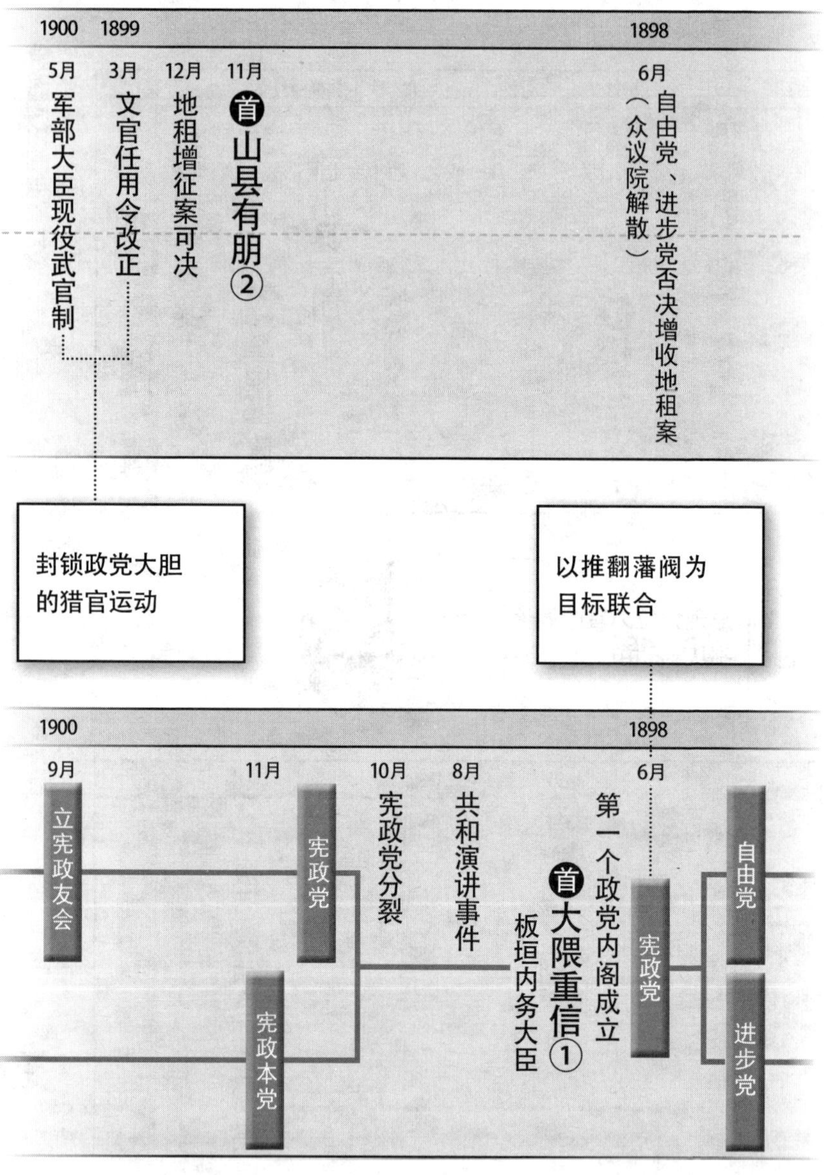

1898
6月
自由党、进步党否决增收地租案（众议院解散）
11月
首 山县有朋②
12月
地租增征案可决
1899
3月
文官任用令改正
1900
5月
军部大臣现役武官制
以推翻藩阀为目标联合
封锁政党大胆的猎官运动
1898
自由党
进步党
6月
宪政党
第一个政党内阁成立
首 大隈重信①
板垣内务大臣
8月
共和演讲事件
10月
宪政党分裂
11月
宪政党
宪政本党
1900
9月
立宪政友会

正如本文开题所言，首届政党内阁仅维持四个月便崩塌的事实导致政党在其后很长一段时期都无法消除其负面形象。这个负面形象便是政党也不过是个别利益的代表者，而并非在一个伟大的政治理念下集结的团体。讽刺的是，本应承载着国民委托的政党只不过是个别利益的体现者，而藩阀却成为国家利益的体现者，这个观念根深蒂固地固定下来，以致日后实现的真正的政党政治也被从根本上固化下来。

政党政治的危机

第一次大隈内阁（隈板内阁）失败之后，政党也一直继续与藩阀保持着“统治游戏”的斗争，然而桂园时代，政党通过与藩阀妥协的方式参与政权、互相倚靠，提高了自己的统治能力。

时至原敬时代，终于实现了真正的政党内阁，但同时政党总是优先考虑个别利益即己方支持阶层的利益这一政党的负面因素也日益显露无遗。

不久，日本由大正末期进入昭和初期，迎来了政友会与民政党交替组阁的两大政党时代，但在党派利益方面的激烈斗争导致军部抬头，政党政治终结。

回首细看，第一次大隈内阁这个首届政党内阁自诞生至崩塌的过程中所表现出来的“政党只考虑自身利益的性质”从本质上并未发生变化，让人不由对日本所坚持的政党政治叹息不已。而最终这个性质也导致了政党政治的自我灭亡，认识到这一点也非常重要。

对于当今的我们而言，政权由政党中占据最多席位的执政党承担，这样的政党政治是再自然不过之事。然而，我们通过回溯战前政党政治成立及崩溃的历史可以发现，政党政治并非自然发生，同时如果不能遵守“选举体现着民意”这一根本的话，很快便会崩溃坍塌，历史真实地反映了这个真理。

所谓政党政治，便是这样微妙而脆弱，如若置之不顾很快便会坍塌。故而，绝对不可以破坏政党政治得以成立的“场域”。

这既是政党自身的问题，同时也是将他们推上议席的国民自身的问题。对政党的现实悲观、绝望甚至将其抛弃的，是国民；要求政党找寻正确的存在方式并对其严格检查的，也是国民。

如今，现实的政治被称作是民主党—自民党两大政党时代。但是，人们对其前景却并不乐观，甚至可以说是接近绝望。而通过回溯战前政党政治所经历的艰难历史，我们可以从中所学颇多。从其作为执政党不断蜕变的过程、沾染上只顾党派利益习气的过程、自始至终相互批判的过程中，我们都可以推导出历史的教训。我们应当以此为食粮，冷静凝视当今混乱的政治，练就对政党的存在方式、政党政治的方向性进行判定的“眼力”。

参考文献

御厨贵《政治的综合与权力——战前与战后的日本政治》（东京大学出版会）1996

御厨贵《马场恒吾——危机时代的自由主义者》（中央公论新社）1997

御厨贵《明治国家的成立 1890—1905》（中央公论新社）2001

御厨贵编《历代首相物语》（新书馆）2003

天川晃、御厨贵《日本政治史》（广播大学教育振兴会）2003

天川晃、御厨贵、牧原出《日本政治外交史——转折期的政治指导》（广播大学教育振兴会）2007

（注）除了上述两册广播大学的印刷教材，还可参考同时编写的广播教材。

五百旗头薰《大限重信与政党政治》（东京大学出版会）2003

伊藤之雄《政党政治与天皇》（讲谈社学术文库）2002

伊藤之雄《元老西园寺公望——古稀的挑战》（文春新书）2007

伊藤之雄《山县有朋 愚直的权力者的一生》（文春新书）2009

伊藤之雄《伊藤博文——近代日本的创造者》（讲谈社）2009

井上寿一《山县有朋与明治国家》（NHK Books）2010
岩井忠熊《西园寺公望——最后的元老》（岩波新书）2003
北冈伸一《日本政治史——外交与权力》（有斐阁）2011
佐佐木隆《伊藤博文的情报战略——藩阀政治家们的攻防》（中公新书）1999
季武嘉也、武田知己《日本政党史》（吉川弘文馆）2011
泷井一博《伊藤博文——知性政治家》（中公新书）2010
坂野润治《近代日本政治史》（岩波书店）2006
升味准之辅《日本政治史》第2—4卷（东京大学出版会）1988
三谷太一郎《增补 日本政党政治的形成——原敬政治指导的开展》（东京大学出版会）1995
三谷太一郎《近代日本的战争与政治》（岩波书店）1997

年　表

日本的变动		世界的变动	
1890	第一次帝国议会召开		
1894	甲午战争爆发	1894	甲午农民战争
1895	马关条约签订	1895	三国干涉
1898	第一次大隈内阁（隈板内阁）成立	1898	列强的中国分割激化
		1900	庚子事变
1901	第一次桂太郎内阁成立		
1902	日英同盟		
1904	日俄战争开战		
1905	日比谷烧打事件	1905	朴茨茅斯条约签订
1906	第一次西园寺公望内阁成立、桂园体制起步		

1910	大逆事件	1910	日本吞并朝鲜
1912	第一次护宪运动开始	1912	中华民国成立
1913	第三次桂内阁总辞职		
		1914	第一次世界大战爆发
		1915	日本签订对华二十一条
		1917	俄国十月革命
1918	开始出兵西伯利亚		
	米骚动波及全国		
	原敬内阁成立		
1919	普选运动扩大至全国	1919	巴黎和会
			朝鲜三一独立运动、中国五四运动
1920	立宪政友会在众议院选举中大胜	1920	国际联盟成立
1921	原敬首相被暗杀	1921	中国共产党成立
		1922	意大利法西斯政权成立
			苏联成立
1924	护宪三派内阁成立、两大政党时代开始	1924	中国第一次国共合作
1925	日苏基本条约签订		
	普通选举法公布		
		1926	中国北伐战争开始

1927	金融恐慌 第一次出兵山东		
1928	第一次普通选举实施	1928	巴黎非战公约
		1929	世界经济危机
1930	黄金输出解禁 伦敦海军缩军条约签订 滨口雄幸首相遭暗杀	1930	伦敦海军军备会议
1931	九·一八事变		
1932	犬养毅首相遭暗杀（五·一五事件）		
		1933	德意志纳粹政权上台 美国罗斯福新政开始

明治：通向“官僚”国家之路

佐佐木克　著

前 言

当前，政府与官僚的关系遭到热议。本书中，我们将回溯至其原点——明治前半期进行具体探讨，这也是电视节目与本书的初衷。正是政府与官僚、政治家齐心合力，重建幕末日本，积极建设国家，才使日本得以变身为近代国家，这一点众所周知。

幕末时期，被称作幕府官僚的优秀人才辈出。然而可惜的是，幕府在幕末的三年间却让十六位老中[1]们轮流执政，未能活用这些人才，从而导致国家面临危机，幕府最终下台。印度尼西亚的苏西洛总统曾经表示虽然日本连年更换首相，但因为拥有优秀的官僚，所以不会出现大问题。果真如此吗？

1 老中：江户幕府的官职名。职位大致和镰仓幕府的连署相当。是征夷大将军直属的官员，负责统领全国政务。在大老未设置的情况下，是幕府的最高官职。定员四至五名。

至今尚无对明治前半期的国家、政府、政治家、官僚四者之间的密切关系进行论述的著作。在与导演西条畅高先生多次讨论之后，我们完成了本书。这仅是一部尝试之作，期望它能在各位思考官僚与政府的关系时提供一定的启发。

佐佐木克

第一章

帝国宪法·权利的源泉

1889

苦于应对国会的伊藤博文在目睹德意志的实际状况后，推动制定了行政优先于立法的帝国宪法。

转折点◎大日本帝国宪法颁布

1882 为考察宪法，伊藤博文等前往欧洲

1885 废除太政官制，创立内阁制度

第一次伊藤博文内阁成立

1886 帝国大学令公布

1887 伊藤博文在神奈川县金泽开始探讨宪法草案

转折点① **1889 大日本帝国宪法颁布**

1890 第一次帝国议会召开

明治天皇将宪法授予黑田清隆首相（《宪法颁布式》和田英作绘 圣德纪念绘画馆藏）

官僚与官僚制

在日本自很早以前起，官僚及官僚制经常是作为负面意义上的词汇被使用。比如，人们通常将模式化、形式主义、循规蹈矩的姿态、圈定地盘的意识、轻视或小看他人的态度等统统称为“官僚化”或“官僚主义”，这也表明人们普遍认为官僚及官僚制指的就是这样的东西。除此之外，人们还将一部分有势力的官僚左右政策、实质性操纵政治的做法批判性地称为“官僚政治”。这当然也是有了此类先例之后方才产生的名称。

也正因为如此，对于官僚及官僚制，存在着激烈的抵制与批判。甚至有些极端论调逐一列举出官僚的死板、腐败及官僚制的机能不健全之处，认定官僚及官僚制是诸恶之源，此类公开刊登于媒体上的发言不胜枚举。而最近甚至有政治家也公然祭出“摆脱官僚”、“摆脱官僚依附”及“从官僚主导转为政治主导”的口号。

之所以出现这种状况，主要源于一个历史事实，那便是自近代官僚制度诞生以来，官僚出身的政治家及官僚在政界拥有巨大的力量，政治多依附于官僚。

另一方面，倘若没有官僚的能力及其组织，日本不会于明治时代在令其他国家震撼不已的短时期内迅速完成近代化，太平洋战争后也不会那么快实现复兴。从这个意义出发，对于具备专业能力及热情与责任感的官僚、拥有很大权限及完备有效的意志传递体系的官僚组织在日本近代历史中所起到的作用，我毫不犹豫地予以认可。尤其是对于明治初年至近代官僚制度草创期那些胸怀大志推动近代国家建设的官僚们，更要给予他们高度评价。

“官僚”这个词汇虽然当今已为人们普遍使用，但事实上它是明治中期以降方被广泛使用的通称，公文中则并未使用。自明治初年起，公文中通用的是“武官”“文官”“官吏”“官员”等。“官”是政府/官厅的意思，“吏”指的是官员，“僚”指的是官员及其同事。

“官僚主义”及“官僚政治”的说法自明治后期开始出现，显而易见的是，在此之前首先出现了“官僚”这个词汇，其具体指代的是具备操纵政治能力的文官、可以通过制定政策、起草法律等方式发挥行政力量的专家及其集团。

本丛书的标题中所使用的“官僚”指代的并非是一般官吏，而是从上述意义出发所选择的词汇，这一点，恳请读者提前周知。

当今想必已没有人会混淆政治家与官僚二词。然而，在明治前半期，政治家与官僚之间的界线并不分明，制度本身也是如此。比如，1871年（明治四年）4月自鹿儿岛上京的西乡隆盛于6月25日就任参议员，断然推行废藩置县，他的参议职是一等敕任官。虽然西乡与官僚形象相去甚远，但他的身份的确是天皇任命的官吏。

大久保利通时任参议员兼内务大臣（一等敕任官）。参议员是内阁的构成人员，因而要出席内阁会议。内阁会议不定期召开，但大久保身为内务省长官，几乎每日都到内务省处理省务。参议员兼工部大臣的伊藤博文、参议员兼财务大臣的大隈重信也是如此。换言之，他们都既是政治家，同时又是承担省务（省的行政事务）的最高官吏。

内务省中聚集了大批支持大久保内务行政的优秀人才。他们既掌握高深的专门技术和知识，同时也具备强烈的建设近代国家的热情，能够对政策制定提出建设性意见，是大久保的得力助手，大久保也很重用他们。彼时既无招募此类人才的系统，更无培养人才的机构。面对这种情况，大久保计划在内务省中自行培养官僚。

虽然大久保的构想因为他突然遇难而未能实现，然而在他身边见习的伊藤代替他将这份构想付诸实现，这一点我们在今后的历史中会看到。

明治政府经历了内忧外患与反复摸索时期，终于制定了象征近代国家的宪法，迎来了重生为君主立宪制国家的新时期。此时的伊藤博文决心为保障新国家发展所必需的人才，构建一个能够稳定提供人才的体制。因而，他在自已起草的大日本帝国宪法中加入该制度的基础部分，这便是近代官僚制的基点。

宪法的制定是与现代紧密关联的日本近代国家的重要转折点，同时也是近代官僚制的一个重要转折点。

近代官僚与官僚制源自怎样的想法，又是如何产生的？下面，我们首先在明治宪法制定的过程中探讨上述问题的答案。

从个体到组织

首先，我们大致观察梳理一下产生近代官僚制的时代背景。

明治政府废除德川幕府，同时废除了其朝廷组织及体制，可谓是一切重新起步的创业型政府。它所面临的最大课题是日本的近代化、创立近代国家日本，这一点众所周知。事实上，如果用一句话总结明治这个时代，或许可以说它是在面临欧美列强侵略亚洲的危机中，为将日本转变为近代国家，在政治、经济、军事、生活、文化等所有领域，过于急速地向近代化国家迈进的时代。文明开化、殖产兴业、富国强兵等能够表现这个时代特征的口号全都指向近代化这个课题。

根据近代化的完成度及政治状况，整个明治时代

（1868—1912年）可分为几个时期。首先，新政府设立至约十年后的明治十、十一年（1877、1878年）左右有一个转折点。之后再过十年，又有大日本帝国宪法颁布（1889年）这样一个大转折点，据此可分为明治前期与后期。虽然很偶然，但基本上恰好是以十年或二十年为一个单位。

事实上，明治时期有一位指导者对此时期划分也持有相似观点，那便是参议员/内务大臣大久保利通。1878年（明治十一年）5月14日，在遇难的当天上午，大久保在自己家中对福岛县权令[1]山吉盛典留下这样一段话（概要，以下引文皆同此）。

“明治元年至今的十年间，日本堪称是从零开始，一切皆是肇端，且战事频繁，是创业的时代。而今后的十年将是整备内治、振兴民产的建设时期，此乃我辈当完成之事业。而那之后再过十年，将会有优秀的后辈继承我们的事业，推动明治时期的日本取得更加巨大的发展。”（《济世遗言》）

大久保将明治最初的十年（1868—1877年）称为创业期，随后的十年（1878—1887年）称为建设期。我认为在此时段，政治从“个体”时代发展到“组织”时代。

明治最初十年的创业期，是亲身感受到幕末动乱并在

1　权令：1871年至1886年，明治政府设置的县的长官，地位仅次于县令。

维新后担任明治政府要职的所谓“维新领袖”们依靠鲜明的个性与力量不断推动政治改革并牵引着国家不断前行的时代。版籍奉还[1]（1869年）、废藩置县（1871年）、学制[2]（1872年）、征兵令（1873年）、地租改正（1873年）、秩禄处分[3]（1876年）等政策相继被断然推行，在军事方面则发生了出兵台湾（1874年）、士族叛乱（1876—1877年）事件。

而进入明治第二个十年，狂风骤雨暂告一段落，国家与政治都相对稳定。在此状况下，比起个性，以组织和集团为基础、稳健推进近代化的新政治模式更为重要。我们可以认为日本已进入这样的时代。

明治十、十一年是明治前期的一大转折点，最能够体现这一点的，是“维新三杰”在此时期相继退出历史舞台这一历史事实。

西南战争战事正酣的1877年（明治十年）5月，木户孝允因为胃癌在京都逝世。据传他将离世之际，木户对曾亲

---

1 版籍奉还：所谓“版”指的是土地，“籍”指的是人民，“版籍奉还”指的是1869年，明治维新后存续的诸藩主将土地与人民的支配权奉还给朝廷，这是明治政府推行中央集权的措施之一。

2 学制：指的是1872年由太政官颁布的教育法令，该法令规定了日本最初的近代学校制度。

3 秩禄处分：指的是1876年明治政府颁布的废除士族和华族俸禄的措施。此举实际上废除了士族与华族（废除原有的公卿、大名诸侯称号，改为“华祯”）的经济特权。

自参与创建明治政府却又对其举起反旗并挑起西南战争的西乡隆盛非常担忧，在弥留之际他大声高呼“西乡，你还不适可而止吗”。四个月后的9月，西乡隆盛在鹿儿岛的城山兵败自杀而亡。而唯一存活下来并作为政府最高指导者决意为“建设的十年”鞠躬尽瘁的大久保利通也在与山吉盛典交谈后大约三十分钟，乘坐马车前往太政官（政府）上班经过纪尾井坂（今东京都千代田区）时，被六名所谓的不平士族[1]袭击暗杀。

设若没有长州的木户孝允、萨摩的西乡隆盛与大久保利通三人，坚决推动王政复古的政变并创建新政府、断然实行废藩置县并建成近代统一的国家，这两件大事都很难实现。在明治维新这部建设新国家的鸿篇巨制中，此三人展示了耀眼的个性与强大的领导能力，被称作“维新三杰”。

三人均曾是明治政府的核心人物，但西乡因为所谓的征韩论政变（1873年）下台，木户则经常生病。不仅如此，西乡与木户并不具备政治活动的组织基础，而大久保则以自己构建的内务省及内务省官僚为组织基础，事实上掌握了首相大权。大久保的精力全都放在内务省，以至据说大久保一到官厅，整个内务省的空气似乎都瞬间凝固

1　不平士族：即反对新政府的士族（即旧武士阶层）。

起来。总之，他们的政治模式都是彰显“个体”的耀眼之作。

仅凭这一点，我们便可以认为，三杰的相继离世决定了政治由个体时代转向组织时代。所谓组织，是藩阀，是政党，也是官僚制度。

在此背景下，组织时代的领袖、同时也是近代官僚制的创始人登上历史舞台。他就是伊藤博文。

伊藤博文的欧洲“宪法考察”

1882年（明治十五年）3月，参议员伊藤博文奉敕命，从横滨港出发前往欧洲。对于伊藤而言，这是他继幕末偷渡前往英国留学、1870—1871年前往美国考察财政、1871—1873年作为岩仓使团的副使游历欧美之后的第四次西洋行。

伊藤博文（1841—1909年）出生于周防国（今山口县）的农民家庭，幼名俊辅。14岁的时候，他的生父成为长州藩中间伊藤氏的养子，自此开始称伊藤姓。中间氏的身份甚至低于步卒，但因其才能深受认可，17岁进入吉田松阴的松下村塾就读时，得到的是武士待遇。松阴评价他道“应该会成为一个了不得的长袖善舞的人物（在政治运动中活跃的人物）”，这个评语作为松阴对伊藤政治才能的认可，广为人知。幕末时，他曾参与长州藩与英美法荷四国的和谈交涉，也曾参与萨摩藩家老小松带刀与格罗弗（Thomas Glover Blake）购买武器的谈判；而在明治政府时期，他历任兵库县知事、大藏/民部少辅后，1873年就任参议员兼工部大臣，作为阁僚成为大久保利通的得力助手。大久保利通去世后，伊藤成为政府的中心人物，尤其是在此阶段他将竞争对手大隈重信驱逐出政府（明治十四年政变），更堪称是世人公认的政府第一人。

伊藤的目的是“宪法考察”。此前一年的10月，天皇敕谕承诺1890年（明治二十三年）开设国会。国会是依据宪法组成的立宪议会，故而，在开设国会之前必须首先要制定宪法。因为政府决定以德国的宪法为典范，所以伊藤的目的地是德国。他的考察中同时还包括议会、内阁组织及地方制度等多个项目。

1882年5月，伊藤到达德国首都柏林后，立即向柏林大学教授、公法学（历史法学）的权威格耐斯特（Rudolf von Gneist）求教。然而，虽然他意气风发、干劲十足，结果却不尽如人意。格耐斯特的学说归根结底是宪法理论、哲学讲义，一如语言、习俗，都是基于民族精神形成的历史性产物。他本人表示自己不了解日本历史，自己的讲义是否对日本有用，他并无信心。虽然伊藤同时还请格耐斯特的高足毛赛（Albert Mosse）对德国宪法进行逐条解读，

● 伊藤博文赴欧洲进行“宪法考察”

朕明治十四年十月十二日ノ詔旨ヲ履ミ立憲ノ政體ヲ大成スルノ規模ハ固ヨリ一定スル所アリト雖其經營措畫ニ至テハ各國ノ政治ヲ斟酌シテ以テ采擇ニ備ルノ要用ナルカ爲ニ今爾ヲシテ歐洲立憲ノ各國ニ至リ其政府又ハ碩學ノ士ト相接シ其組織及ヒ實際ノ情形ニ至ルマテ觀察シテ餘蘊無カラシメントス茲ニ爾ヲ以テ特

“关于特派理事赴欧考察立宪政体的敕书”（国立国会图书馆藏）

明治天皇颁给伊藤博文的敕书中主要提及其考察项目包括“欧洲各国立宪政体的运行方式，各国政治的比较研究，与政府官员或学者会面，观察其政府组织的实际情况”。并对其万里之行寄予期待。

1882年（明治十五年）赴欧考察宪法之际的伊藤博文（外务省外交史料馆藏）

原本期待着从发达国家已成型的立宪政体中学习的伊藤博文

然而这个讲解涉及大量专业术语，对于不懂德语的伊藤而言，想要完全弄明白绝非易事（驻德公使青木周藏担任口译员）。伊藤为此甚是沮丧。

让伊藤更加不安的是，当时德意志帝国的议会非常混乱。这份混乱主要是围绕首相俾斯麦提出的烟草专卖化（政府制造/贩卖）法案产生的。为应付1870年代开始出现的长期经济不振局面，俾斯麦向议会提出上述法案，希望以此确保帝国的财源。然而，代表各地为数众多的制造业者利益的议员却对此表示强烈反对，结果法案未获通过。伊藤目睹该事态后在信中写道“俾斯麦翁近日称病不出。大半议员对烟草专卖不予认可，无法谈妥”（《伊藤博文传》）。

担任普鲁士首相期间，俾斯麦以手腕强硬著称，经常越过议会推行己策。然而，德意志帝国成立（1871年）后，以俾斯麦本人为中心制定的德意志帝国宪法（俾斯麦宪法）却出人意料地具备民主的一面。该宪法规定，议员是全国民众的代表者，由成年男子通过普选产生，而帝国议会由上述议员构成，在国内政策方面拥有法律草案的提出及决议权。于是，通过宪法规定获得权力的议会反对俾斯麦的提案不予通过，结果使得行政陷入机能不健全的局面。

鉴于此，伊藤深感有必要厘清宪法与议会及政治（行

● 伊藤博文在考察德国议会时颇受打击

德国正值经济不振

德意志帝国首相俾斯麦

德国议会议事厅

法案

为确保帝国财源而提出烟草专卖化草案

×

否决

代表民间烟草者利益的议员多数表示反对

政策难以推行

俾斯麦近日称病不出

伊藤博文从所见的德国议会政治实态中得到教训

翻译一国之宪法并非难事。
若不能结合行政，无法得知该国的政治实态。

政）三者之间的关系。为此，他动身前往奥地利的维也纳。8月8日，伊藤拜访了维也纳大学国家学教授施泰因（Lorenz von Stein）。所谓国家学，指的是综合研究国家各方面问题（法律、经济、财政、思想、政治等）的学术，施泰因尤为重视这其中的行政，之后他甚至被誉为近代行政学之父。

伊藤在此时期的信中记录道“翻译一国之宪法并非难事，然而若不能结合行政，无法得知该国的政治实态”，同时表示希望学习“实际的政治/行政”，并充满喜悦地表示自己遇到了“良师”。（《伊藤博文传》）

施泰因接连数日态度诚恳又充满热忱地对伊藤讲述着他的学说。他所使用的语言是英语，故而伊藤理解得也比较透彻。讲课内容是宪法的运作即选举及议会与政府的关系、官僚机构与组织，总体说来多是政治相关的基础知识，这刚好符合伊藤探索真正的立宪政体全景的意图，伊藤为此很是振奋。随同伊藤访欧的伊东巳代治（时任参事院议官补）记录了当时施泰因的讲义，下面内容应当是甚得伊藤之意的部分。

“立法部（议会）与行政部（政府）必须明确各自分担的权限，并互不侵犯彼此的权利……如若行政部不具备独立的权利，便只能沦为仰立法部鼻息的傀儡。而立法部只在议会召开之际出现，并非总是存在。故而，平常根据

● 伊藤博文从施泰因处所学内容

维也纳大学洛伦茨·冯·施泰因

若行政院不具备运作政治的独立权限，便只是听从立法院命令的傀儡；

然而，立法院只在议会的会期存在，故而审度国家大事、临机决定对策之责便在行政府。

认识到行政独立在国家运作方面极为重要

不管制定多好的宪法、组成多好的议会，若政治运作不顺，便毫无意义。谋求顺利的政治运作，完善政府组织非常必要。

时宜行使法律权限的是行政部。”（《大博士斯丁氏讲义笔记》）

行政必须独立，且必须具备很高的权限。伊藤从施泰因的观点中得到了信心，历时一年五个月的宪法考察取得了丰硕的成果，1883年8月，伊藤满载而归。

太政官内阁至近代内阁制

伊藤访欧之前两年，恰是高举“开设国会”“制定宪法”等旗号的自由民权运动最热烈的时期，尤其是此前一年（1881年）自由民权派对政府的批判更为猛烈。伊藤等人疲于应对，最终，萨长出身的参议员们联合起来，将政府内部的异己分子参议员大隈重信驱逐出政府，强化政府的体制（明治十四年政变），同时宣称开设国会，以图平息运动。然而，直至伊藤归国之年，运动的火焰也未熄灭，甚至有重新燃起之虞，形势不容乐观。

在野党势力（自由民权派）会在议会中占据多数席位，这个预判不容置疑。尽管格耐斯特根据俾斯麦政府受到议会拦阻的事实，提醒伊藤在日本务必尽量限制议会的权限，但伊藤却丝毫不为所动。伊藤带着缔造施泰因所谓的“拥有独立权限”的强大政府即近代内阁制度的决心，返回日本。

当时的内阁被称为太政官制内阁，是与废藩置县（1871年）同时进行的官制改革中诞生的事物。虽然太政官这个名称让人感觉是对古代律令国家的复辟，但那只是名称的“复辟”而已，其官制与实质均与古代律令中的太政官有着天壤之别。这个内阁的特征是，它是“太政官”这个大的中央国家机关中的一个机关（当然，它是中枢性存在），并非独立的机关。

该内阁由太政大臣、左大臣、右大臣（各一名）、参议员（伊藤归国时共十一名）构成。关键在于三位大臣。内阁成立以来，太政大臣由三条实美、左大臣由有栖川宫炽仁亲王（前任为岛津久光）、右大臣由岩仓具视担任，除了有势力的武家华族岛津久光曾短暂出任左大臣之外，大臣之职一直由皇族、公家华族担任。换言之，这是前近代身份制的残留。

该议会的议事程序是，政策首先由参议员合议后，召开由三位大臣一同参加的内阁会议进行表决。之后，由太政大臣将决议上奏天皇，接受审批。事实上，政策的决策实权掌握在参议员手中，而制度上，直接对天皇负责（辅弼责任）的，只有三位大臣。但大臣却出了问题。在伊藤即将回国之际，事实上的首相、拥有优秀的统率力的右大臣岩仓具视罹患食道癌去世。因没有能够代替岩仓的人才，右大臣一直空缺。太政大臣三条实美对政治毫无兴趣，左大臣有栖川宫几乎不对政治发表任何见解。承担着内阁重责的二人呈现出如此状态，内阁毫无一体感可言。

另外，参议员原则上由各省的长官兼任，比如参议员兼工部大臣佐佐木高行、参议员兼农商务大臣西乡从道等，从他们的表现及发言来看，他们对自己所管辖部门的业务并无充分认识。因而，他们在与官僚沟通之际就存在着很大的问题。在这一点上，他们与跟内务省官僚团结一致共同引领整个国家的大久保利通相比，尚有很大的差距。不管内阁之人如何有能力，没有官僚的合作，仅凭内阁之人推动行政是不可能的。由这样的内阁制定宪法、开设议会、在议会中与在野党势力交锋对抗，很明显是行不通的，根本性的改革势在必行。伊藤因此痛下决断。

于是，1885年（明治十八年）12月，近代内阁制度成立。三大臣、参议员被废止。国务大臣由各部长官（部的责任人）担任。大臣各自承担自己的辅弼责任。内阁总理大臣作为各大臣的代表（首相）总揽整个行政。上述便是其大致内容。大臣自然不再与身份挂钩。内阁被定位为掌握行政实权的独立的最高机关，不受政党势力左右，即所谓超然内阁是也。

独立的强大政府就此诞生。内阁总理大臣当然是伊藤博文（长）。外务大臣为井上馨（长），内务大臣为山县有朋（长），司法大臣为山田显义（长），财务大臣为松

● 内阁制度的改革——构建不输于议会的政府

太政官制中，太政大臣、左大臣、右大臣、参议员、各部长官（卿）的权限不明确，制度上的权力与实际权力的所在分离，很难应对开设国会之责。

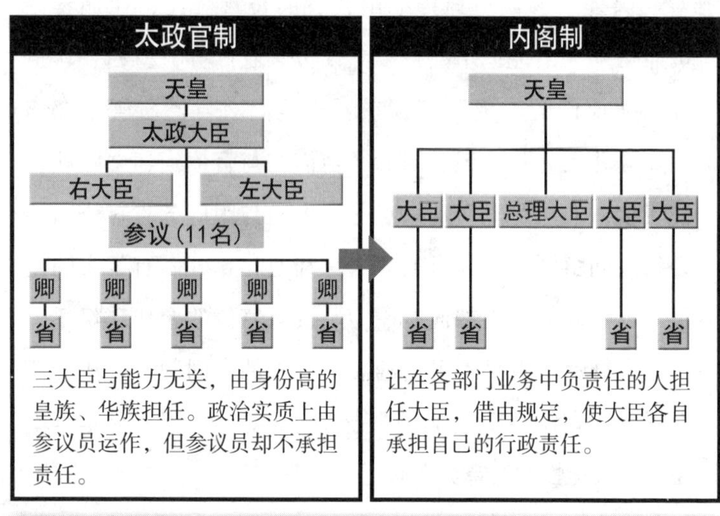

1885年（明治十八年）12月22日，太政官制转变为内阁制度，同时制定了规定内阁权限的《内阁职权》。虽然该《内阁职权》规定首相享有广泛的政权统括权，如“第一条 内阁由天皇直辖，大权实施方面，由国务大臣承担辅弼之责”，但为配合对阁僚的各自辅弼制做出规定的大日本帝国宪法，1889年12月方制定内阁官制。（国立国会图书馆藏《内阁职权》草案）

成立了能够应对议会的强大政府

方正义（萨），陆军大臣为大山岩（萨），海军大臣为西乡从道（萨），文部大臣为森有礼（萨），农商务大臣为谷干城（土佐），通信大臣为榎木武扬（幕臣）。

政府的课题解决了。接下来，伊藤开始着手处理支撑政府的官僚的课题。

响应国家“必需”的帝国大学

1886年（明治十九年）3月1日，伊藤博文内阁成立尚不足三个月，敕令“帝国大学令”颁布，据此敕令，“东京大学”（1877年，东京开成学校与东京医学院合并而成）更名为“帝国大学”。乍看上去，或许有人会以为这不过是大学名称的更改而已，但事实上，于伊藤博文所意图的国家建设尤其是“行政自立”而言，此乃必不可少之举。下面我们首先看一下“帝国大学令”中对帝国大学之目标的表述。

“第一条 帝国大学以教授国家必需的学术技艺并探索其奥义为目标。”

所谓“国家必需的学术技艺”，换言之便是国家最为需要（必需）的内容、能够为国家做出贡献的学问，这是帝国大学最大的目标。为更加鲜明地强调这一点，“帝国大学令”将文部省直属的东京大学升格为官立（国力）的大日本帝国大学。除了修改名称，还进行了大幅度的组织改革，将原来的法学、文学、理学、医学四个学院改为法科、文科、理科、工科、医科五个分科，使帝国大学成为综合性大学。顺便提一句，帝国大学以颁布敕令的3月1日作为自己的建校纪念日。

那么，国家所必需的究竟是怎样的学问呢？检视以下帝国大学法科学院（不久改称法学部）设立之初的教学课程表可发现，除了“法学通论”“国法学”“法理学”“治罪学（现在的刑事诉讼法）”之外，还有如下科目：“理财学（经济学）”“日本行政法”“财政学”“法兰西民法”“英国宪法”“罗马法”“国际法”“外交学及领事事务”。

在彼时的文科系，法学、行政学、财政学、国际法被视为极为重要的学问。于国家而言，这些都是基础学问。它们都包括在帝国大学法科学院的教学课程表中。这也即是说，通过学习这些科目迅速完善国家体制，以此获得国际社会对“日本已成为近代国家”的认可，再加上幕末以来一直存在的国家重要课题——修改条约，上述内容便是创立帝国大学的目的。另外，在课程表中还包括法兰西法、英国法等先进国家的法律，还有欧洲古典法制的罗马法，乃至外交事务，从中也可见其培养具备广泛知识的国际型人才的意图。

而理科系的教学课程表中，既有“地质学”“测地学”“土木工程学”等国土开发所需的基础学问，也包括“造船学”“冶金学”“机械学”“房屋构造”“采矿学”“应用化学”等产业技术类学问，从中可见其通过技术支撑日本近代化的目的。

从上述文科、理科的教学课程表中我们可以看出，将通过上述学问教育出的优秀学生进一步培养成为对国家有用的人才，这，便是帝国大学最重要的目的。

但是话说回来，东京大学虽是文部省直属，但原本就是官立大学。为何在这个阶段要郑重强调“为了国家的学问”呢？我认为这其中有两个理由。

一是当时的社会状况，彼时简直堪称是私立法学校创办高峰期。1880年专修学校（今专修大学）、东京法学社（今法政大学），1881年明治法律学校（今明治大学），1882年东京专门学校（今早稻田大学）分别在东京创立。很多胸怀青云之志、矢志成为法学家及政治家的青年人进入这些学校学习。但是，他们毕业后，能够提供给他们的职位却很少。对此他们当然很是郁郁并强烈不满。面对此状况，伊藤博文很担心他们会因此成为反政府势力。因此他想要将全国优秀的年轻人聚拢到帝大，由政府主导培养他们。换言之，他想要培养能够为国家做出贡献的官僚。

二是藩阀或者说同乡意识的问题。事实上，当时的藩阀政治家们经常仅因为某人与自己是同乡这一个理由，便认为“此人可以信赖”，将其录用为官吏，这样的例子不在少数。地缘优先于能力。想必伊藤是意识到这样绝不可行，必须想办法公平地将真正有能力的人录用为官吏。而解决这个问题的答案便是帝国大学。

翌年即1887年，又有敕令宣布，帝国大学的毕业生可以不必参加“文官（奏任官、判任官的上级官吏）”考试。在集合有能力的青年并将其作为官僚进行培养的同时，国家还试图通过此规定稳定地培养官僚。可以说，现在的东京大学也继承了帝国大学作为官僚养成机关的特性。

大日本帝国宪法与行政

创立内阁制度，创办帝国大学，伊藤博文稳步推行着制度改革。1887年（明治二十年），作为其制度改革最后的收官之作的，当然是“制定宪法”。

伊藤自欧洲回国之翌年即1884年便设立了制度调查局，开始着手为立宪展开多方调查。而伊藤明确指定要求其参加宪法起草的，是井上毅、伊东巳代治、金子坚太郎三人。

井上毅（1843—1895年）出身熊本，供职于司法省，作为法制官僚深受好评，在内阁制度创建过程中对伊藤帮助甚大。不久之后担任枢密顾问官、第二次伊藤内阁的文部大臣之职。伊东巳代治（1857—1934年）出身长崎，受伊藤博文赏识供职于工部省，担任参事院议官补之职时随同伊藤访欧，担任第三次伊藤内阁的农商务大臣、枢密顾问官。金子坚太郎（1853—1942年）出身福冈，曾是岩仓使团成员，毕业于美国哈佛大学，担任第三次伊藤内阁的农商务大臣、第四次伊藤内阁的法务大臣，枢密顾问官。

之所以介绍上述三位的履历，既因为他们是继维新领袖们之后明治中期优秀官僚群体的代表人物，更是因为他们三人都与伊藤博文共同致力于宪法制定，是参与起草宪法的重要人物。

1887年6月，伊藤首先偕同伊东、金子二人住进神奈川县金泽（今横滨市金泽区）的旅馆，着手讨论宪法案。而讨论的基础便是已然由井上写就的两个宪法草案（甲案、乙案）及作为政府法律顾问来到日本的德国人罗埃斯勒（Karl Friedrich Hermann Roesler，法学家、经济学家）起草的宪法草案。

自8月起，井上也加入进来，整个团队住进伊藤在金泽的夏岛上刚刚建成的别墅中，反复讨论研究。作为首相，伊藤政务极为繁忙，不得不数次返回东京，然而一旦工作结束，他便立即返回夏岛，继续讨论研究。在探讨过程中，伊藤认真地聆听三位法律专家的意见。8月，宪法草案起草完成。名为《夏岛草案》。

在《夏岛草案》中，有如下条款颇值得注意。

“第十三条 天皇任免文武官员，并规定其薪俸抚恤金退休金及其他待遇”

这是根据井上毅的乙案完成的条款，它规定官吏（文官、武官）的人事及薪俸等的决定权均是天皇的权限，其宗旨是排除外部对官吏、行政的干涉。

之后，《夏岛草案》数度修订，历经十月草案、二月草案至最终草案，最后经枢密院审议后于1889年1月确定下来。宪法中该条款规定如下。

“第十条 天皇规定行政部门之官制及文武官员之薪俸，任免文武官员”

它明确规定不仅官吏的人事即薪俸，“行政各部的官制”也由天皇决定。1889年2月11日，大日本帝国宪法颁布，近代官僚制的制度性基础就此得以确立。

2月15日，伊藤召集全国府县会议长，对行政及官僚做了如下解说。

“政府应该称为天皇陛下的政府，政府在天皇主权下存在、运作……首相也由天皇任免，不受外部干涉……官吏的举动（语言与行为）源自天皇的主权。故，行政各部的机关（官僚与行政组织）也是受天皇主权的委任开展活

动，绝非拥有固有权限之部门。”（《伊藤博文传》）

伊藤上述发言明确表示，官吏及行政组织均在天皇大权之内，不受议会及政党势力的左右（只是，政府可以根据自己的意愿进行改革）。如此，他将官僚及行政组织定位为支撑明治国家的重要机关，通过宪法来保障官僚的地位。

现行的日本国宪法规定公务员为作为主权者的全体国民（公共）服务，但在帝国宪法中，明治日本是君主立宪制国家，主权者是天皇，所以根据其前后文的逻辑关系，说是首先要为天皇服务也无可指摘。但是，我们来看一下伊藤接下来的发言。他强烈主张立宪政治的根本在于限制君主权，故而天皇统治国家的大权只能在宪法规定的范围之内，因而行政的中心并非天皇，而是总理大臣。这才是伊藤真正的意图。我认为这一点已然具备现行宪法第六十五条规定“行政权属于内阁”的精神。

此阶段伊藤所构想并期待的官僚是作为行政专家的官僚。伊藤凭借其与生俱来的渐进主义做派不断推行改革，同时也努力尝试构建起不受议会及政党左右、能够稳固支撑国家的行政专家集团（官僚）。于官僚而言，成为这个集团的一员，不再像前近代的官吏一样只是一颗棋子任人摆布，而是开拓了一条能够成长为基于“官僚逻辑”作为主体发言、行动的近代官僚之路。

● 最大限度利用天皇的地位

大日本帝国宪法颁布

第一章第一条中规定“大日本帝国，由万世一系之天皇统治之”，明确表示即便实施立宪政治，以天皇为中心的国体不会发生改变，政府是天皇陛下的政府。（早稻田大学图书馆藏）

大日本帝國憲法

第一章 天皇

第一條 大日本帝國ハ萬世一系ノ天皇之ヲ統治ス

第二條 皇位ハ皇室典範ノ定ムル所ニ依リ皇男子孫之ヲ繼承ス

第三條 天皇ハ神聖ニシテ侵スヘカラス

第四條 天皇ハ國ノ元首ニシテ統治權ヲ總攬シ此ノ憲法ノ條規ニ依リ之ヲ行フ

第五條 天皇ハ帝國議會ノ協贊ヲ以テ立

大日本帝国宪法（国立公文书馆藏）

通过将天皇推到前面，成功守住政府的地位。

其后的官僚们

帝国宪法颁布翌年即1890年，颁布了商法及部分民法、与地方行政相关的府县制、郡制等国家基本法。制定这些法律的不是别人，正是官僚们。虽然他们只是想在交由议会讨论之前制定草案，但可以说那是集官僚们的知识、热忱与精力于一身方能完成的成果。

议会开设后，制定接受议会审议的预算案及法律案便成为官僚的重要工作。第一次帝国议会至第五次议会（1893年）上，除了有责任必须要审议的预算案之外，由官僚制定并提交议会审议的法律案共计66件，其中21件获得通过。只是，在第二次议会及第五次议会时提交的约25件法案因议会解散而未审议完，所以事实上通过率还是很高的。顺便提一句，议员们提交给第一、第三、第四次议会的法律案共计175件，共有11件通过。

宪法第五条内容为“天皇依帝国协会之协赞，行使立法权”。这里的“协赞”并非当今“赞同、协力”之意，而是法案成立所必要的意见表达（包括行使否决权在内的讨论）之意。由于初期议会的在野党势力中有很多议员以批判政府、为难政府为己任，官僚必须要制定具有说服力的法案。在这种反复积累实际成果的过程中，官僚在国

● 大日本帝国宪法完稿——想方设法排除议会的干扰？

タルコトヲ得ス
第三十七條　凡テ法律ハ帝國議會ノ協贊ヲ經ルヲ要ス
第三十八條　兩議院ハ政府ノ提出スル法律案ヲ議決シ及各法律案ヲ提出スルコトヲ得
第三十九條　兩議院ノ一ニ於テ否決シタル法律案ハ同會期中ニ於テ再ヒ提出スルコトヲ得ス
第四十條　兩議院ハ法律又ハ其ノ他ノ事

（国立公文书馆藏）

第三十八条　两议院得决议政府提出之法律案并可各自提出法律案。

与德意志一样，政府提出的法案须经议会表决确认。

提出スヘシ若議會ニ於テ承諾セサルトキハ政府ハ將來ニ向テ其ノ効力ヲ失フコトヲ公布スヘシ
第九條　天皇ハ法律ヲ執行スル爲ニ又ハ公共ノ安寧秩序ヲ保持シ及臣民ノ幸福ヲ增進スル爲ニ必要ナル命令ヲ發シ又ハ發セシム但シ命令ヲ以テ法律ヲ變更スルコトヲ得ス
第十條　天皇ハ行政各部ノ官制及文武官ノ俸給ヲ定メ及文武官ヲ任免ス但シ此

第九条　天皇为执行法律或保持公共安宁秩序及增进臣民之幸福，得发布或使令政府发布必要之命令，但不得以命令改变法律。

天皇的命令=根据敕令制定法律的规范限定

政府认为必要的法律可以通过敕令的形式实现。政策在不被议会的干预的情况下也可实现。

所谓政府，就是天皇陛下的政府。首相也是由天皇陛下任免的，不得受到其他人的干涉。

使政府的强大权限合法化
确立政府对议会的优势地位

家、政府中所占的比重日益增大。

那么，通过宪法保障了地位并拥有了强大力量之后，官员们的意识又有何变化呢？这里有一篇论文对此作了如实描写。

“政府应当由官僚分担一切事务……虽然民权论者试图尽量让更多的人民参与政治，然而国家之内更多的还是凡人（多数是平庸之人或穷人或文盲），如重视多数，则少数智者的意见难免被湮灭。”（《都筑馨六传》）

这篇论文（《超然主义》1891年）的作者是都筑馨六（1861—1923年）。东京大学毕业后，他历任井上馨外务大臣秘书官、山县有朋首相秘书官、外务次官之职，走的是精英路线。很明显，他坚信专业官僚才是国家运作的关键。

集强烈的使命感与强烈的自负感及过剩的精英意识于一身的官僚就此登上历史舞台。政府珍视并重用官僚所造成的后果便是，官僚们产生了“制定法律的是我们；在国家运作中，我们的力量必不可少”的自信。之后，他们开始产生了特权意识。

下一个转机是1899年（明治三十二年）山县有朋内阁（第二次）对文官任用令的修改。其内容是规定中央省厅的次官及局长等上级官僚（亲任官以外的敕任官）必须要从考试（文官高等考试）合格并具备一定履历的人（奏任官）中任用。这份修订案的出现，主要是出于政党势力追求上级官僚职位、政党党员展开激烈的猎官运动的前车之鉴，为防止历史再现而推行的。同年，再制定《文官分限令》，据此令，原则上官吏不能被免官。这也即是所谓的身份保障。

当时，政党作为议会的第一大势力与山县藩阀政府保持对立，但这份事实上保护官吏的法令出台后，官吏们彻底站在了政府一方。政府与官僚形成了一种互相帮忙的关系。

伊藤博文试图通过培养优秀的行政专家、重用官吏来有效地运作国家，完成日本的近代化，这个方针是正确的，其证据便是明治国家事实上的确在短时期内实现了近代化。这是近代官僚制的正面因素。但是，官僚们逐渐沉迷于自己的力量，产生特权意识，之后更是日渐倒向自己的保护者——萨长藩阀政府，谋求自我保全。这，很明显是其负面因素。而且，实现近代化后，政府与官僚也并无分道扬镳的打算。两者保持一定的距离、相互独立是最理想的状态，然而这种状态未能实现。这一点，也是近年政府与官僚所面临的问题。如果政府与官僚之间能够保持合理关系的话，倒是应该不至于出现“官僚依存”，“脱官僚”这样的极端论调……

在本章中，我们梳理了伊藤博文从成立近代官僚制到制定明治宪法的过程。那么，伊藤为何大力推行政府主导的“自上而下的改革”及“由官僚推行的日本近代化”呢？下一章中，我们将回顾决定了日本前进道路的“明治十四年政变”，探讨彼时的社会状况。

第二章

明治十四年政变·近代化的分歧点

1881

以开设议会为目标的自由民权派与政府的对立激化，但由于明治十年政变，还是决定实行官僚主导的近代化。

转折点◎明治十四年政变

1878　爱国社复兴第一次大会

1879　福泽谕吉《国会论》

1880　国会期成同盟结成

集会条例制定

河野广中等上请开设国会

1881　五日市宪法草案

开拓使处理官有物事件

转折点②　**明治十四年政变、大隈重信下野**

开设国会的敕谕

五日市宪法草案碑

安眠于土仓的宪法

东京都东西纵长，从空中俯瞰，包括二十三区在内的东半部位于关东平原上，西半部则延伸至奥多摩的山间。

从中心西行约50公里、奥多摩的山峦迫在眼前之处，便是东京都秋留野市。它是1995年（平成七年）合并而成的新市，之前分为东部的秋川市与西部的西多摩郡五日市町两部分。秋川市与五日市町的地势完全不同。秋川市是多摩川及注入多摩川的秋川沿岸的平坦台地，而五日市町则是沿着秋川上流的溪谷延伸至奥多摩山峦深处的山间小盆地。本章我们就从群山环绕的五日市町开始我们的故事。

1968年（昭和四十三年）夏，五日市町的土仓中发现了大量明治前期的史料，其中包括三千多份文书、数百册书籍。使得这个发现备受瞩目的，是这些文书中的一个宪法草案。那便是1881年（明治十四年）以居住于五日市的小学教师千叶卓三郎为中心起草的《日本帝国宪法》，也即是作为明治期代表性私拟宪法（私人起草的宪法）而知名的《五日市宪法草案》。

这份宪法草案不为人知地在土仓中沉睡了87年。而发现这份草案的，是东京经济大学色川大吉氏的研究团队。

在发现该草案之前，他们长时间坚持史料发掘，已然发掘了过百个土仓，真可谓是戏剧性的邂逅。当时（1960年代）正是经济高速增长最盛期，对古老房屋的大量拆迁及改建使得很多之前的文书相继逸失。为此，全国各地都展开了对埋藏于各地域的史料的发掘工作。作为学习历史的一名学生，我也参与了多摩丘陵周边的调查活动。但是很遗憾，我并未有类似《五日市宪法草案》这样的大发现。

《五日市宪法草案》最大的特色在于格外注重又极为细致地规定和保护人权与自由。比如，在“国民权利”一章中，有“（45条）日本国民应具各自之权利自由。外物不可妨害。且国法应保护之”的条款。这与现行的《日本国宪法》的“第十一条 国民享有的一切基本人权不能受到妨碍。本宪法所保障的国民的基本人权，作为不可侵犯的永久权利，现在及将来均赋予国民”规定有相通之处。另，该宪法草案还有“（49条）凡居住于日本国之人民，无论内外国人，其身体、生命、财产及名誉均受保护”、“（71条）不可因政治罪宣判死刑”等规定。总之，该宪法草案尤为注意保护人民的权利，这一点明白无误。

当然，其中也有“国会”相关的规定，其内容是，国会由国帝（天皇）及拥有立法权的元老院、民选议院构成，拥有起草、制定法律的立法权。并且它明确记载，民选议院通过直接选举从每二十万人中选出一名“代民议员”构成，代民议员并非其选出之地的地方总代表，而是日本全体国民的总代表。尤其值得注意的是，该草案在第132条中规定国会“决定、更改政府官僚及其薪俸”，这与伊藤博文的意见恰好相反。

如此看来，《五日市宪法草案》与当时处于最盛期的自由民权运动有着非常密切的关系。事实上，根据土仓中发现的其他文书我们可知，1881年时的五日市是有民权运动结社存在的，曾邀请知名民权家中岛信行（之后的自由党副总理）前来参加恳谈会，并且《五日市宪法草案》的起草者千叶卓三郎还在会上发表了演说。由此可见，明治期最初十年，自由民权运动甚至影响到五日市这样一个小山村，并在此扎根发芽。

本章的主题是探讨明治前期官僚制的形成。之所以在这样的主题下插入对自由民权运动的解说，主要是因为我认为这两者乍看风马牛不相及，事实上却有着千丝万缕的关系。

彼时的日本，围绕着现代化问题出现了两个路线。一是自由民权运动与支持该运动的民众所期盼的“自下而上的近代化”路线；一是由太政官府、官僚推动的“自上而下的近代化”路线。选择哪个路线，将会导致日本的近代化呈现出完全不同的状态，这一点不言而喻。1881年，随着自由民权运动在全国的盛行，政府内部也针对路线问题出现了很大的争议，政府被置于决定路线的分歧点。不久，政府做出了明确选择。那便是“明治十四年政变”。

政府给出怎样的答案？政变意味着什么？接下来我们将主要探讨日本近代化过程中的转折点“明治十四年政变”及其在官僚制形成过程中的意义。

适当整备内治休养国力

明治初期，太政官府以将日本建设成为与西欧诸国并驾齐驱的近代国家作为目标。为此他们采取的主要政策是诸如版籍奉还（1869年）、废藩置县（1871年）、学制（1872年）、征兵令（1873年）等社会制度改革。而之后，政府的目标转为振兴产业。

这一点，在“明治六年政变”（所谓征韩论争）后西乡隆盛及板垣退助等五位参议员离开政府、参议员大久保利通就任内务大臣大施才能的1874年（明治七年）以降得以明确体现。大久保大力推行殖产兴业政策，在提交给太政大臣三条实美的建议书中如此写道：

“国家的强弱取决于人民的贫富，人民的贫富与物产的多寡相关。通过繁殖物产来丰富人民的生活，如此，既可以保护人民，也能够实现富国强兵之路。故，政府政官须当积极奖励引导殖产兴业。”（《殖产兴业相关建议书》明治七年）同时，他还提出必须全力“集中整备内治，厚殖民产，振兴民业，休养国力”。（《确定本省事业之目的的建议书》明治八年）

由政府与政官（官僚）推动殖产兴业政策，谋求产业立国，此举既能够保护人民，同时也是国家自立的正途。因此他极力主张稳步完善“人民保护制度”，优先推行殖产兴业。

佐贺之乱与对台湾出兵宣告结束的1875年（明治八年）起，以大久保为首的政府（即“大久保政权”）着手推行殖产兴业政策，其主要内容是内藤新宿（农业）试验场、驹场农学校、下总牧羊场、三田育种场、千住制绒所、新町纺织所、堺纺织所及富冈缫丝场，上述实业在大久保去世后被继任内务大臣的伊藤博文所继承。

此类新兴实业的财源是地租。根据1875年的国家预算，财政收入为6858万8千日元（百日元以下舍去），其中地租（及地券）税为5150万5千日元，占年度财政收入的75%。政府的课题是稳定保障这份地租税收。地租修改（1873年，地租改正条例颁布）正是为此采取的手段。大久保于1875年4月就任地租改正事务局总裁，大力推行地租修改之策。

地租修改的主要内容是，政府以土地的收益额为基准核算地价，农民用货币缴纳地价的3%。如此，能够保障

● 政府推行近代化的光与影

《上州富冈缫丝厂全图》（照片/富冈缫丝厂）

《东京名胜高轮蒸汽车铁道之全图》（国立国会图书馆藏）

明治政府推行的近代化，短时期内取得了诸如以富冈缫丝厂为代表的殖产兴业及铁道铺设等很大的成果，但为保障财源，对农村征收重税，士族的家禄被废止，引发了民众的不满。

稳定税收，长期的实业计划与实业发展得以实施，对政府是有利的。但对农民却是不利的，因为即便遭遇收成不好的年份或因洪水等米质变差米价下跌时，纳税额也无可更改，且地价的核算方式也令农民深感不满。

在此状况下，各地对修改地租的反对之声日益高涨，最终于1876年（明治九年）秋在茨城县及三重县成鼎沸之势。尤其是三重县，12月20日农民发生暴动，甚至波及爱知县、岐阜县，虽然23日便被镇压，但还是酿成了绞刑1人、处罚5万余人的重大事件。

政府应对此次农民暴动的速度简直快到令人震惊。翌年1月4日，将地租减至2.5%的诏书颁布。这份诏书是根据以“保护人民”为基本理念的大久保的建言与决断才得以成形的。

另外，还颁布了《金禄公债证书发行条例》（1876年8月，翌年开始实施），主要内容是废止支付给士族的家禄（秩禄处分）。1875年度的家禄给付额高达1亿7千8百万日元，这个数额几乎与同年陆军省（6950万）、海军省（2700万）、内务省（2300万）、工部省（4750万）、宫内省（950万）合在一起的预算额相同。其实这就是将士族变为靠退休金生活的人，结余部分充作殖产兴业的财源。同年3月又颁布废刀令，士族的不满情绪日益高涨。最后，终于爆发了由部分士族发动的一系列叛乱（神风连之乱、秋月之乱、萩之乱）。

地租修改及秩禄处分是日本近代化过程中必不可少之举措，相信大多数国民都能够理解并认可这一点。所以伊势的农民暴动及士族叛乱并未波及全国。即便如此，废藩置县以降接连不断的新政策确实是操之过急了，我甚至想称其为激进开化时代，这份急躁导致民众不知所措，对政府的批判也日益激烈。于是，新的运动出现在政府面前。那就是自由民权运动。

自由民权运动的时节

西南战争的翌年即1878年（明治十一年）2月，杂志《近事评论》第108期上刊登了“真正的民权家该当努力者，便在今日”的报道，称戴着“民权的假面具”、发泄不满的“伪民权家”在西南战争的硝烟与弹雨中已然消亡，号召我们“真正的民权家”为了能够更加“扩大权利、享受自由”，必须努力推翻压制。

这正是宣告“自由民权”时代就此起步的宣言。追溯自由民权的源泉，既有1874年板垣退助、后藤象二郎、副岛种臣、江藤新平等前参议员们向太政官提交的《民撰议院设立白皮书》，还有同年由板垣等人结成并展开活动的土佐的立志社。然而，自由民权运动范围最为广泛、声势最为浩大的，还是明治十一至十四年（1878—1881年）这段时期。

当时自由民权运动的核心是民权结社的全国联络组织“爱国社”，它是在立志社的号召下，于1878年9月在大阪重建（三年前结成，但之后中止活动）。参加重建大会的是关西以西的士族民权家（士族民权派）共计46名，参加第二次会议的人达到80名，全员均为士族。但自翌年的第三次会议起，在全国各地持续展开活动的平民民权结社及个人（总称为“地域民权派”）也加入进来，运动范围迅速扩大。

1880年3月，响应爱国社的号召，两府二十二县的民权结社及地域有志代表约97名在大阪集会，他们各自带来的开设国会的请愿书上有超过9.5万人的签名。在此次集会上成立了新组织国会期成同盟，并制成“提请允可开设国会之上愿书”，推选高知县士族片冈健吉与福岛县豪农河野广中为代表，携上愿书进京。

片冈与河野原计划于4月17日将上愿书提交给太政官，但被要求送往接受建议书与请愿书的元老院（立法咨询机关）。所谓“上愿”指的是向天皇请愿。但元老院却表示无法将与政治体制相关的上愿提交给天皇，拒绝了他们的请求。事实上，究竟是采取给天皇的请愿（上愿）形式还是给政府建议的形式，在期成同盟内部也曾进行过探讨，

● 自下而上的近代化——“提请允可开设国会之上愿书”

自由民权运动在日本全国盛行开来，宪法草案及谋求开设国会的意见书被大量创制。

國會ヲ開設スル允可ヲ上願スル
書
日本國民 臣片岡健吉 臣河野廣中 等謹
テ尊嚴ヲ畏レス茲ニ謹テ恭シク我
天皇陛下ニ願望スル所アラントス 且
臣等我國ニ在テ國會ノ開設ヲ望ムコト既

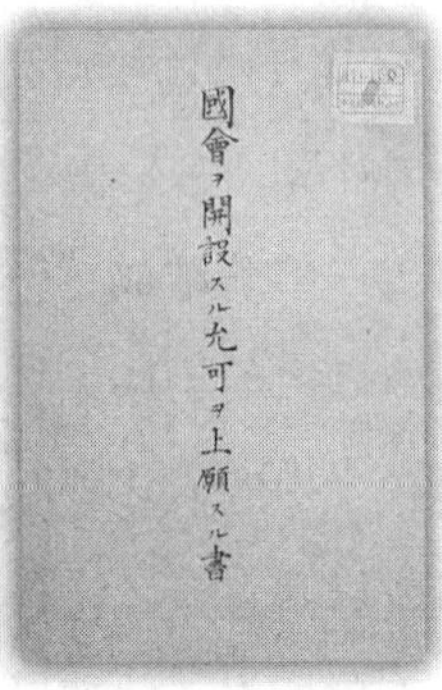

國會ヲ開設スル允可ヲ上願スル書

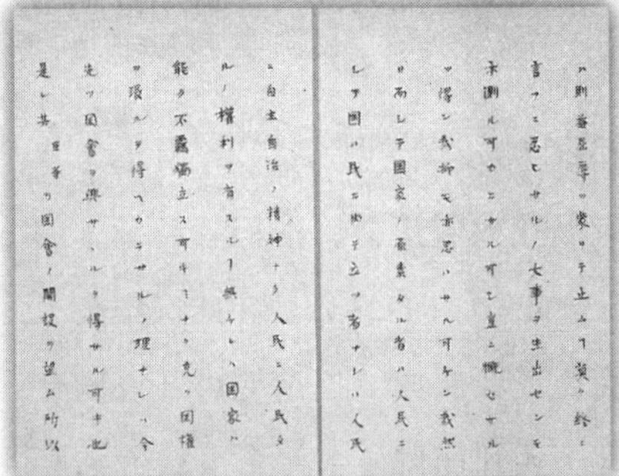

ハ則蓋是等ノ衆ヲテ止ムコト莫ク終ニ
言フニ忍ヒサルノ大事ヲ生出センモ
未測ルヘカラサルナリ是レ豈ニ慨セサル
ヲ得ンヤ又祈テ忘レサルヘケンヤ然
リ而シテ國家ノ最貴ナル者ハ人民ニ
シテ國ハ民ニ依テ立ツ者ナレハ人民
ニ自主自治ノ精神ナク人民ニ人民タ
ルノ權利ヲ有スルコト無クンハ國家ハ
能ク不羈獨立スヘキコトナシ況ヤ國權
ヲ張ルヲ得ヘカラサルノ理ナレハ今
先ツ國會ヲ興サヽルヲ得サルヘキ也
是レ某臣等ノ國會ノ開設ヲ望ム所以

“上愿书”中强调了人民的自主与自治精神对国家独立的重要意义。

（国立国会图书馆藏）

1880年（明治十三年）3月，爱国社第四次大会上结成国会期成同盟。河野广中与片冈健吉担任上愿书提交委员，4月，太政官、元老院拒绝提交。

对自由民权运动的盛行深感不安的政府于1990年4月颁布集会条例，试图控制言论。

但最终他们认为国会并非政府开设的机构，而是根据天皇的意思开设的机构，基于此认识，决定以上愿形式提交。

这个认识是正确的。1875年（明治八年）4月14日，天皇下诏曰“渐次确立国家立宪之政体”。虽然诏曰“渐次”，并未确定期限，但天皇还是预定要在不久的未来制定宪法、开设国会。这份诏书是参议员大久保利通、木户孝允、板垣退助、伊藤博文合议制定而成的。在此阶段，他们对于宪法与国会都并无具体的构想，但确信这是一个重要课题的意识还是非常强烈的。

政府的方针是首先制定宪法，不久元老院开始宪法调查，接下来开始尝试起草宪法草案。议会是依据宪法规定开设的，故而，议会相关的工作开始得晚一些，这是事实。但绝非什么都没做。

1878年（明治十一年）7月制定府县会规则，翌年召开由通过选举选出的议员们组成的府议会、县议会。或许政府的构想是先在地方议会中积累经验后再开设国会，但上述议会基本被定位为府知事、县令的咨询机关，无法令自由民权派满意。于是，爆发了以县会议员为核心的国会开设运动。

由士族民权派展开的运动中，加入了地域民权派（包括县议会在内），之后以新闻记者为中心的都市民权派也会合进来，运动迅速升温。顺便提一句，1880年提交给政府的收集了大量签名的开设国会建议书及请愿书多达八十五件。

在这种风潮推动下，人们的目光开始转向宪法。1880年11月召开的国会期成同盟第二次大会上，决议将全国分为八个区，分别起草宪法草案，下次大会召开之际各自带来与会。就在此时期，京都府宫津的天桥义塾提交的意见书认为缺失了宪法的国会要么沦为“民权的专横”，要么沦为“官府的爪牙”，所以主张首先制定宪法，并且此宪法不能是在政府命令下制定的，必须是“国约（人民讨论决定）”宪法。对于宪法与国会的认识，深刻到如此地步。政府也必须更新自己的认识了。

豪农与学艺讲谈会

我们何不自己动手起草宪法呢？响应国会期成同盟上述号召的基础已然完备。1880年（明治十三年）及1881年的两年间，共制定了二十九个宪法草案（起草者不明的宪法不包括在此数目中）。除了元老院制定的《国宪按第三次案》及井上毅提交给岩仓具视的宪法案《大纲领》外，均是民权派制定的私拟宪法。

本章开头提及的《五日市宪法草案》也是其中之一，起草于1881年4—9月间。其内容方面的特色我们已有详述，而其条款多达204条，条目之多也颇令人震惊。比《五日市宪法草案》条款更多的，只有本时代的代表性民权派理论家植木枝盛起草的《日本国国宪按》（230条）。且后者在起草时，主要参考了嚶鸣社（民权派新闻记者、政治家的结社）的《宪法草案》（1879年），除此之外还广泛参照了其他国家的宪法及研究书籍。

话说回来，五日市不过是一个偏僻的山村，竟能如此深植民权思想及运动并起草完成质量如此之高的宪法草案，其背后究竟有何背景呢？

从五日市城中开始沿着溪流旁侧的山道走上四公里左右，有一个名为深泽的村落。不管是尚称为深泽村的明治时代还是当今，道路都是到此为止。明治时期在深泽村担任户长（旧名主）的是深泽氏。深泽氏是豪农，拥有广袤的山林，他们将树木做成柴薪，经由多摩川送往东京及川崎。时任户主深泽名生及其儿子权八都是学习了新知识及文化的知识分子，是五日市周边人尽皆知的非常有名望的一对父子。事实上，发掘出以《五日市宪法草案》为代表的大量文书的，正是深泽氏宅邸的土仓。

以深泽名生、权八父子俩为核心成员，1880年年初成立了名为“五日市学艺讲谈会”的民权结社。会员近百名，成员包括豪农、教师、僧侣、神官、医生、米粮商、林业劳动者及小农民等，范围非常广泛。其活动也很丰富，定期召开由会员进行的演讲会及讨论会、邀请讲师进行的公开讨论会等。另外，读书会及学习会也很盛行。深泽家的土仓中出土了多部美国、英国、德国的政治学及法学译本（这些可能是深泽父子因工作前往东京之际购入的书籍），其中包括波索纳德（Gustave Emile Boissonade）的《法兰西法律书》、穆勒（John Stuart Mill）的《代议制政府》及《英国国会沿革史》《分权论》《论自由》等。会员们传阅上述书籍，一起探讨难懂之处，加深对法及自由、民权的理解。

1880年4月，千叶卓三郎（1852—1883年）加入该会。千叶生于宫城县，曾任仙台藩士。十六岁时参加戊辰东北战争，战败后不久在东京、横滨流浪，曾一度虔诚信仰基督教并受洗。幕府至明治期，他认真地度过了自己的青年时代，之后又周游多地后，漂泊至五日市。在此深受深泽父子重视，担任当地小学的教师，随后加入五日市学艺讲谈会，很快便成为主要成员，翌年起草《五日市宪法草案》。

但是，《五日市宪法草案》并非由千叶卓三郎一人完成的。它的完成，离不开五日市学艺讲谈会的会员们不断的学习与探讨。从这个意义上来讲，可以说这部民众宪法的诞生，是山村中有志于学习自由与民权的同志们共同促成的。

再补充一句，五日市并非特例，像五日市学艺讲谈会这样与地域关系密切的民权结社在全国还有很多。1974至1884年的十一年间，可以确认的结社有将近1300个。在此仅举一个例子，我们前面也曾提及，在知名的天桥立所在的丹后宫津（今京都府宫津市），就有一个名为“天桥义塾”的结社。与五日市一样，此处也存放有波索纳德及穆勒的著作，并向普通人出借。可以说它们承担着区域图书馆的职责。只是，这个结社逐渐倾向于政治运动，与民权派政党“立宪民政党”的结党（1881年）及其活动关系密切。

综上，民权结社既有各自的特色与倾向，同时又都起到了作为民权运动地方据点的作用。而他们又通过爱国社及国会期成同盟等中央组织联结在一起，由此，自由民权运动在全国如火如荼地开展起来。

大隈重信与福泽谕吉

促使运动更加热烈的，是各地广泛举行并大受欢迎的演讲会。既有国会的早期开设及人民自由与权利的演讲，也有涉及社会问题及时事问题并通过夸张的措辞尖锐地批判政府的演讲，更有海外信息及女性的生存之道相关的演讲，很多人用其代替当时很受欢迎的评书，不听评书听演讲。口才好的演讲者受到的欢迎丝毫不亚于当红演员。

大阪的演讲会的听众有很多是在商店当伙计的青少年们。有报纸报道说在东京的会场中也见过学生及教师。当然女性听众也不少见。最让政府有危机感的是，上述普通市民也中了自由民权论者的“毒”、受其煽动的事实。作为应付这种事态的对策，1880年（明治十三年）4月，政府颁布了《集会条例》。

其主要内容是，为“讲谈讨论政治相关事项”而“召集公众”的时候，必须向管区警署报告演讲题目并同时提交申请，获得许可后方可实施。警察也出席演讲，根据具体状况可以下达演讲中止或解散人群的命令。军人、警察、学校教师及学生、农商工艺的见习生不可参加上述集会，也不可加入上述结社。政府希望通过这种手段扼住民权运动高涨的倾向。

然而，该条例似乎并未取得很大成效。因为条例颁布之后演讲会的盛况也未见衰退。不明确表明是“政治相关”事项，比如作为学术演讲会提出申请的话就会获得批准。但是，政府与民权派相互对立的关系却由此更为鲜明地彰显出来。接下来，我们整理一下政府与民权派对立的要点。

民权派最为不满的是，国民完全没有能够参加政治的“场域”。因而，他们要求首先要建构能够反映国民声音的“场域”与制度，换言之便是要求开设国会。比如，我们仔细研读以《五日市宪法草案》为代表的民权派的私拟宪法及意见书、请愿书便可发现，涉及“制度”的部分非常多。这也即是说，民权派认识到日本在制度的完善方面非常落后，主张唯有首先完善制度才是近代化，而其象征便是开设国会。与之相对，政府则认为通过政府主导的殖产兴业实现现代化即经济自立及丰富、稳定国民生活是最为重要的先决课题，开设国会完全可以放在其后进行。

简单说来，民权派认为制度的完备是近代化，而政府则认为经济独立是近代化，二者的对立便在于此。在实现近代化的方法上存在着很大的差异，未能找出相互妥协的头绪，当时的状况便是如此。然而，二者看来似乎是永不相交的两条平行线般呈现出胶着状态的1881年春，在一个意想不到的点出现了一个大问题，事态随之发生突变。

1881年（明治十四年）3月，参议员大隈重信向左大臣有栖川宫炽仁亲王提交开设国会的意见书并提出建议。建议的重点如下：当年内制定宪法，翌年即明治十五年（1882年）年初对外颁布，并于翌年内召集议员，明治十六年（1883年）尽早开设议会。天皇敕令在议会中占多数席位的政党的“首领”组织内阁。他建议用不到两年的时间制定宪法、开设国会，并建议采用英国方式的议院内阁制。

作为财务大臣，大隈重信坚定支持内务大臣大久保利通推行的殖产兴业政策，大久保去世后他继承其遗志继续推行这项政策。而大隈主张尽快开设国会。那么，是大隈突然变成激进民权论者了吗？

我认为大隈的真正意图在其他点上。大隈基本上是一位以官民调和为理想目标的稳健论者。因而在议会方面，他也并非站在对抗而是协商的立场，他认为应该开设稳健的议会。但是，以竞争对手伊藤博文为首的其他参议员却固执地主张慎重论，不肯回应民权论的意见。在此情况下，大隈只能撇开时机是否成熟的问题，尽快表示出组建议会的态度。

颇有意思的是，大隈的背后隐约可见福泽谕吉的身影。大隈与福泽很早之前就是朋友关系，大隈意见书也是由福泽的高足矢野文雄执笔的，且该意见书是根据福泽两年前发表的《国会论》写就的，这一点读过的人都知道。福泽的《国会论》认为如果采用英国方式的议院内阁制，也可为政府带来利益。其要点是“行政官”即现在的阁僚及官员也都可以成为议员（政治履历、实力、知名度都很高，所以在总选举中肯定会当选），在议会中可以与有见识的稳健派民间议员结成多数派，由此可以实现更为稳定的政治运作。

大隈意见书提出后的翌月即4月，交询社（庆应义塾出身者为中心的团体）在其机关志《交询杂志》上发表《私拟宪法案》。之后自5月下旬开始福泽系的《邮便报知新闻》上也开始刊载对私拟宪法的详细解说。交询社的《私拟宪法案》提议采取限制议会权限的政党内阁制，这与大隈意见书所提议的由政府指导者组织政党并以此为背景组建内阁的构想一致。大隈的意见书并未具体论及宪法，但交询社的《私拟宪法案》提出后，大隈的构想也清晰起来，事情发展大致过程当是如此。大隈向有栖川宫提交意见书时，请求暂时保密，相信也是与此有关。

从上述情况我们也可断定大隈与福泽肯定是合作关系。大隈从政府内部即官方主张开设稳健国会，福泽则从民方宣扬同样的构想。“官与民调和”是福泽的一贯主张。或许大隈与福泽的意图便是在自由民权派与政府的关系陷入僵局之前，能够在此议会构想之下坐到谈判桌前。

大隈意见书建议两年之内制定宪法、开设议会，那么，大隈本人认为这可行吗？我对此表示怀疑。我认为大隈这么做，是向伊藤博文发出信号，提醒他对国会开设表达意见的时机已经到来，要求其尽快做出决断。

● 自上而下的近代化——大隈重信的上奏文

1881年（明治十四年）大隈重信密奏的意见书中，建议采取英国方式议会制，并建议1883年年初开设国会，是一份激进的意见书。

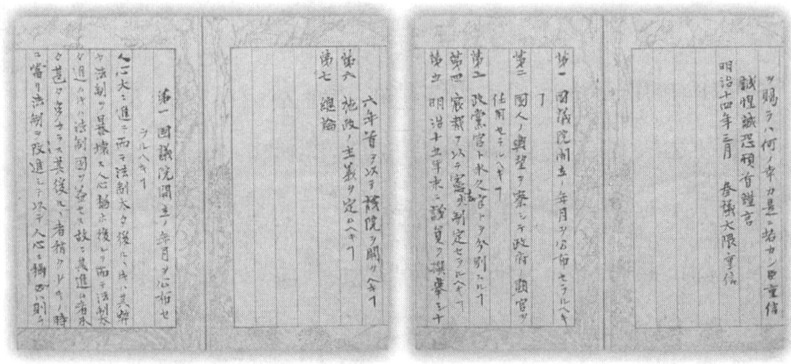

第一，当公布国议院开立年月之事。
第五，当于明治十五年末选举议员，十六年初开设国议院。

如此被选用之人物，因为在人民参政场所之国议院占有过半数，外则握有左右立法部之权，又蒙圣主恩宠而维持政府，分配本党人物于显要地位，故内则得操行政之实权。

（国立国会图书馆藏）

大隈认为不可无视民众的声音，
强烈建议应由政府明示开设国会。

愤怒的伊藤博文驱逐大隈。

明治十四年政变

明治十四年政变

在自由民权运动日益高涨的过程中，政府也意识到必须决定国会及宪法相关的方针。但在领导层尚未完成意见调整之际，大隈就提交了意见书。有栖川宫向太政大臣三条实美及右大臣岩仓具视内部转达大隈意见书，是五月下旬。

岩仓为此与太政官大书记官井上毅商讨。井上毅是非常有才能的法制官僚，对德意志宪法评价甚高，深受岩仓信赖。井上于6月中旬向岩仓提交题为《纲领》的意见书。其要点是，宪法是钦定的（由天皇决定），应采取德意志宪法的渐进主义（因而不能急于开设国会），内阁不应受议会左右（不采用政党内阁制）。一看便知，井上的这份意见书是研读过大隈意见书及交询社宪法案后，有意制定出以取而代之的内容。

同时，井上还向岩仓建言，认为制定宪法的核心人物必须是伊藤博文。岩仓非常高兴，将井上的意见上奏给天皇。至此，大隈意见书的内容、岩仓的意向、井上意见书的内容已相继转达至伊藤。6月27日，伊藤经由三条，秘密借出天皇手头的大隈意见书并亲自誊写下来。

7月1日，他给三条写了封信，表示大隈意见书采用了外部意见，如若政府不能尽快出台自己的意见，会酿成无可挽回的局面，如果大隈的意见被采纳，自己只能辞职。从其内容看来，似乎是在迫使三条在大隈与自己之间做出选择，但我认为，伊藤此信的真正意图是推动优柔寡断的三条做出决断。

在此节点，一个意想不到的事件突然爆发。福泽系的《邮便报知新闻》自7月28日起连日煽动性地报道政府计划将实质价值为三百万日元的北海道开拓使的官有物（官舍、仓库、船舶、各工场、矿山等）以三十多万日元的低价出售，且支付期为三十年。开拓使黑田清隆向阁议提交的内容被外泄了。黑田认为这是大隈所为，对此极为愤怒。

购买方为北海社，它是由原定废除的开拓使的上级官吏们结成的组织，而他们的支持者是与黑田同乡的旧萨摩藩士、大阪商法会议所会长五代友厚。对开拓使抱有深厚感情的黑田期望能够继续推行开拓使诸项实业，五代明知如果接收将会出现连年亏损的恶果，但他仍决定一揽子接收所有开拓使官有物。

五代与坂本龙马在贸易立国方面意气相投，明治初年全力投入大阪产业界的复兴事业，是一位对私利比较淡漠的实业家。彼时被称为东有涩泽荣一，西有五代友厚，至今仍有不少大阪的经济界人士将五代视为对大阪复兴的有功之臣，对他很是景仰。五代为通过产业立国实现近代化，做好短时期内亏损经营的思想准备，要帮助黑田等人。然而，报界却报道说这是政商勾结，甚至政府系的《东京日日新闻》也持此论调。

民权派了解到大隈对出售官有物持反对态度，同时也得知他主张尽早开设国会，因而对萨长藩阀政府提出强烈批判。全国各地大量举办以批判政府及支持立即开设国会为基调的演讲，场场爆满，气氛热烈。政府对此有何表现呢？政府对此束手无策。

7月30日，天皇出发前往北海道、秋田、山形巡幸，左大臣有栖川宫、参议员大隈重信、黑田清隆、大木乔任随行，右大臣岩仓具视在京都静养。留守政府的仅有三条太政大臣与参议员中的伊藤博文、井上馨、山县有朋、西乡从道、川村纯义、山田显义等萨长参议员。这种状况下，只能耐心等待天皇回宫（10月11日，抵达东京）。

为此，伊藤做出决断。①中止天皇许可（7月30日）的官有物出售活动。②要求敕任官大隈参议员辞职（事实上是为防止政府分裂的驱逐）。③在敕谕中约定开设国会。留守人员在此起死回生的举措上达成一致。9月10日，他说服了回京的黑田，9月18日，山田参议员前往京都寻求岩仓支持。剩下的，便只是等待天皇回宫了。

10月11日下午，天皇回宫。同夜，召开御前会议。得到天皇认可时已是深夜时分。时间转为翌日12日凌晨一点后，伊藤与西乡前往大隈宅邸，劝其辞职，大隈同意。12日颁布敕谕，表示“以明治二十三年为期召集议员开设国会”，议会的组织及权限由“臣僚（政府与官僚）”假以时日认真制定。起草敕谕的是井上毅与伊藤博文。同日，中止官有物出售及大隈辞职也一并宣布。这便是明治十四年政变。

近代化的方向与速度

如此，政府一方面驱逐大隈重信，一方面跟国民约定，九年后制定宪法并召开国会。我们一起分析一下上述事件的意义及其结果。

首先，大隈被驱逐，意味着拒绝激进的国会开设论、不采用英国方式的议院内阁制。同时还意味着“萨长藩阀政府”的确立。自此至1898年（明治三十一年）大隈重信内阁出人意料成立的这一期间，日本处于萨长藩阀指导者的指引之下。

在宪法与国会方面，应在“附有期限”下实现立宪体制，政府及官僚都全力参与此事。换言之，政治与制度的近代化是在政府及官僚的主导下进行的，结果也证明了这一点。政变之前，自由民权派及作为其支持者的民众是准备开设国会的核心成员，也即所谓“自下而上的路线”。然而政变后，就连议会也通过政府与官僚的“自上而下的路线”进行准备。这个方向性非常明显。

那么，民权派又有何变化呢？因为政府约定九年后开设国会，所以以开设国会为最大旗号的民权运动逐渐沉寂下来。然而却并非完全终结。部分民权派仍然继续要求尽快开设国会。另一方面，1882至1886年间（明治十五至十九年）连续爆发多起所谓的“激化事件”，其中有自由党激进派试图推翻政府而发动的武装暴动事件（加波山事件、名古屋事件、静冈事件），也有因为财政紧缩及纸币整理所导致的通货收缩而陷入贫困的农民们与激进派联合发动的农民叛乱（群马事件、秩父事件）。政府将上述事件通称为“叛乱”进行武装镇压，并迅速推行政府及官僚主导的近代化。

综上，所谓“明治十四年政变”，决定了日本的近代化“由官僚”“迅速”推动，换言之，该政变是决定了近代化的“方向”与“速度”的重要事件。事实上，官僚力量如此必要的时代并不多见。而官僚响应了时代的需要。配合宪法，他们同时还制定了皇室典范、贵族院令、议员法、选举法，并制定了民法（旧民法）、商法（旧商法）等数个法令。我认为他们非常了不起。官僚们确然型塑了这个国家。

● 《赐告开设国会的敕谕》

迫使大隈重信辞职的翌日，颁布了开设国会的敕谕。

勅諭

朕祖宗二千五百有餘年ノ鴻緒ヲ嗣キ中古紐ヲ解クノ乾綱ヲ振張シ大政ノ統一ヲ總攬シ又夙ニ立憲ノ政體ヲ建テ後世子孫繼クヘキノ業ヲ爲サンコトヲ期ス嚮ニ明治八年ニ元老院ヲ設ケ十一年ニ府縣會ヲ開カシム此レ皆漸次基ヲ創メ序ニ循テ歩ヲ進ムルノ道ニ由ルニ非ルハ莫シ爾有衆亦朕カ心ヲ諒トセン

顧ミルニ立國ノ體國各宜キヲ殊ニス非常ノ事業實ニ輕擧ニ便ナラス我祖我宗照臨シテ上ニ在リ遺烈ヲ揚ケ洪模ヲ弘メ古今ヲ變通シ斷シテ之ヲ行フ責朕カ躬ニ在リ將ニ明治二十三年ヲ期シ議員ヲ召シ國會ヲ開キ以テ朕カ初志ヲ成サントス今在廷臣僚ニ命シ假スニ時日ヲ以テシ經畫ノ責ニ當ラシム其組織權限ニ至テハ朕親ラ衷ヲ裁シ時ニ及テ公布スル所アラントス

朕惟フニ人心進ムニ偏シテ時會速ナルヲ競フ浮言相動カシ竟ニ大計ヲ遺ル是宜ク今ニ及テ謨訓ヲ明徵シ以テ朝野臣民ニ公示スヘシ若シ仍ホ故サラニ躁急ヲ爭ヒ事變ヲ煽シ國安ヲ害スル者アラハ處スルニ國典ヲ以テスヘシ特ニ茲ニ言明シ爾有衆ニ諭ス

奉 勅 太政大臣三條實美

明治十四年十月十二日

将期于明治二十三年，召议员，开国会，以成朕之初志。

然而事实上，与大隈意见书一致的内容得以实现。

日本的近代化执行自上而下的路线（政府、官僚主导），且急速推进，如此方向性与速度得以确定。

伊藤博文等政府首脑也对此给予很高的评价。正因为如此，大日本帝国宪法也对官僚的地位予以了保障。我认为，世人充分认识到官僚的力量或者说不得不认识到官僚的力量的契机，便是“明治十四年政变”后官僚们的工作与功劳。

那么，与政府及官僚激烈对立的自由民权运动家及其支持者们不满的原点是什么呢？不顾一切一味推行殖产兴业的时代背景是其原因之一。下一章，我们将一同思考大久保利通的近代化政策及内务省。

第三章

巨大的官僚组织·内务省

1873

通过创设内务省，在培养国内产业方面取得成功，然而却遭到了“有司专制”的职责。

转折点◎内务省成立

1873　颁布征兵令

颁布地租改正条例

征韩论政变、西乡隆盛下台

转折点③　**大久保利通创设内务省**

1876　颁布废刀令

颁布金禄公债证书发行条例

神风连之乱、秋月之乱、萩之乱

全国农民暴动频发

1877　西南战争

第一次国内劝业博览会召开

1878　大久保利通遭到暗杀

全国爆发反对修改地租的武装暴动（《伊势暴动》大苏芳年绘）

官厅中的官厅的统率者

自1873年（明治六年）由明治政府设立、至太平洋战争结束后的1947年（昭和二十二年）被联合国最高司令官总司令部（GHQ）命令解散为止，中央官厅“内务省”共存续了七十四年。所谓内务省，指的自然是与外务相对的国内行政。实际上它所管辖的范围非常广泛，简单说来，设立之初，内务省拥有现在的经济产业省、总务省、国土交通省及警察厅等部门合在一起的巨大权限。因此，战前作为优秀官僚汇集一堂的高规格官厅，内务省被称为“官厅中的官厅”，内务大臣被视为“副总理级别”。GHQ之所以命令解散内务省，主要也是充分认识到内务省在整体内务中所拥有的权限过于巨大之故。

为何明治政府会创设如此强大的官厅呢？其关键词是“殖产兴业”，关键人物则是大久保利通。换言之，内务省是为了推行内政、内治尤其是殖产兴业政策而设立的官厅，其最为重要的推动者便是之后亲自出任首任长官（内务大臣）的大久保利通，而其主要推动力是创设强大的官僚组织使其成为日本近代化的据点。

从本书第一章开始阅读的读者或许已然意识到，明治前期的指导者中，大久保利通的名字经常出现。的确，自幕末维新期至明治初期，大久保利通起到了异常重要的作用。他同时还是唯一一位在整个幕末期都与中央政治过程有着直接且深刻关联的人。比如，同样身为“维新三杰”之一的西乡隆盛在1858年（安政五年）至1864年（元治元年）京都成为幕末政局中心的约五年间，被流放至奄美大岛、德之岛、冲永良部岛；木户孝允（桂小五郎）则自1863年（文久三年）因“八月十八日政变”长州藩被从京都流放后至实现王政复古的约四年数个月之间，在中央政局中也未有公开举动。而大久保利通在京都居留的时间最长，且在此期间数度往返于京都与鹿儿岛之间，且有时前往长州、土佐出差，一直都活跃在重要政局之中。

即便如此，大久保在三杰之中却并非最受欢迎。这或许是因为，西乡与木户是从严峻的失败深渊中反败为胜成为英雄的，而大久保虽然以悲剧的形式离世，但他自下级武士至一国首相的仕途看来似乎过于一帆风顺。

如果用关键词来形容大久保这个人物，那应该是责任感、正义感与诚实。他很难成为历史的英雄、耀眼的政治家类型，比起政治家，官僚似乎更符合对他的定位。事实上大久保本人也曾说过，萨摩的人并不适合政治，他们只擅长笨拙的生存方式。不管人气如何，他是这个时代首屈一指的政治家，这一点毫无疑问。

大久保利通1830年（文政十三年/天保元年）生于萨

摩藩的下级武士之家。维新前通称为一藏。在大久保生活的下加治屋町，有一位比他大两岁半的西乡隆盛（1827年生），二人如亲兄弟般一起长大。二者不同的是，西乡受到藩主岛津齐彬的赏识，自二十多岁起便在江户为国事操劳奔波，而大久保却在鹿儿岛一直待到三十多岁，并成为有志集团诚忠组的核心人物，积聚力量。在此期间，他受到继任齐彬藩主之位的茂久的生父、实际掌握藩政的“国父”久光的赏识，于1861年（文久元年）被录用为藩政的关键职位小纳户役；1863年，其在京都、江户的政治谈判成果获得认可，被提升为仅次于家老的御侧役。

大久保在幕末政局的活跃程度无法一一尽述，在此仅介绍其两句令人印象深刻的话语。第一句，“不义之敕命，并非敕命”（庆应元年九月二十三日，写给西乡隆盛的信件）。这封信写于幕府半胁迫朝廷要求其发动诸藩征讨长州时。非正义的敕命不能认为其是敕命，以此对朝廷与幕府双方提出严厉批判。征讨长州时幕府与长州的私战是内战，同时也是陷国家于危急的舆论代言。坂本龙马携这封信的副本作为使节前往长州，呼吁团结起来共同重振日本。萨长同盟由此订约。

第二句是“不忍见皇国崩塌，此乃出自丹心之无奈之举”（庆应三年九月十八日，日记）。朝廷与幕府都不具备维持日本国家独立的能力。长此以往日本将不复存在，对此无法袖手旁观。所以，萨摩抱着无可奈何之心决意实行政变，创建新政府。这是他在山口县向长州藩主寻求合作之际的话语。12月9日，王政复古政变被推行，朝廷的政治组织及幕府被废止，新政府得以创建。新政府高举以创业精神建设国家的口号，要像神武天皇一切从零开始一样，而并非是以复兴古代为目标。

大久保在新政府中担任参议、内务卿。版籍奉还后的明治二年（1889年）七月担任参议员。彼时正值西乡隆盛在鹿儿岛推行藩政改革之际，大久保便是萨摩代表。此时期政府人才不足，大久保同时还要承担起草布告、通知等政府文书之类本应由下级官吏承担的工作，但他确然是政府最重要的成员之一。

明治四年（1871年）六月，大久保由参议员转任财务大臣。七月，在废藩置县同时推行的官制改革中，一直承担民政的民部省被合并进大藏省，大藏省成为比以前更为巨大的组织。看来似乎终于到了大久保大展宏图的时刻了，但事实上却又未能如此。同年秋，右大臣岩仓具视被任命为特命全权大使组建所谓岩仓使团，被派往欧美各国访问，主要是对条约缔结各国进行礼节性拜访、预备谈判条约的修改、并对先进国家进行考察，大久保作为副使随同前往。出发时间为1871年12月，回国时间为1873年5月。虽然大久保比整个使团稍早一些回国，但在外游历时间也长达一年半之久。

自大久保回国的1873年夏，本章以内务省为主题的故事开始了。

明治六年政变

1873年（明治六年）3月，身处柏林的全权大使岩仓收到太政大臣三条实美寄来的一封信。在信中，他写道因为“国内是多事之秋，政府中无人可用，极为不便”，希望让副使大久保利通与木户孝允归国（落款日期为1月13日）。木户表示自己想要继续考察，所以只有大久保利通一人提前回国。

此时的政府，内外两方面都面临着很大的问题。这种危急时刻，政府首脑却只有三条与参议员西乡隆盛、板垣退助与大隈重信而已，可谓是四人面对整个国家的“多事之秋”。

对外问题有1.日俄杂居的桦太问题（明治五年四月起，开始与俄国公使谈判）；2.台湾问题（明治四年十二月琉球宫古岛五十四位渔民被台湾少数民族杀害，鹿儿岛士族的征台论日益激烈）；3.朝鲜问题。

内政问题则多是陆军省、海军省的设置（明治五年二月）、学制的制定（明治五年八月）、府县法院的设置

（明治五年八月）、征兵令、常备陆军的增设（明治六年一月）及地租改正实施方针（明治六年七月，地租改正条例布告）等与新事业相关的问题，各部门（陆军省、海军省、文部省、司法省）竞相强烈要求增加预算，与大藏省（大辅井上馨）对立严重。如果大久保或岩仓在的话，大概不会发展至此。三条的领导能力是原因之一，以西乡为首的板垣、大隈三位参议员都并非是调整型政治家，这也使得混乱进一步恶化。

4月19日，江藤新平（前司法大臣）、大木乔任（前文部大臣）、后藤象二郎（前左院议长）三人就任参议员，本意是强化政府，但江藤等人均是司法省的代言人，也跟井上产生了对立。5月14日，以一己之身承受着人们对大藏省整个部门的批判的井上馨表示“施政有缓急顺序”，愤而辞职。大久保利通5月26日回国。回国后的大久保如此描述他所看到的政府与各部门的状态，“人倦马疲，难以想象”（写给大山岩、村田新八的信件）。政府一片混乱，官僚们也毫无积极性。大久保利用是年开始推行的官僚暑假于8月16日前往关西旅行。最终他做出判断，仅凭自己单枪匹马是无法改变现状的，改革要等到岩仓回国之后。

在这一片混乱中，政府在8月17日的阁议中，决定派遣西乡隆盛出使朝鲜。这个决定源自于西乡的强烈要求。明治政府成立以来，一直希望能与朝鲜缔结新的国交。然而对于实行锁国体制的朝鲜而言，日本与西洋诸国皆为同类，甚至拒绝出席与日本的外交谈判。日本国内有意见认为朝鲜的这种态度非常无礼，应该派遣军舰对其增加压力。

西乡反对上述意见，自愿担任使节前往朝鲜进行和平谈判。他认为要是派遣军舰逼迫朝鲜开国的话，那日本的做法就跟美国佩里一般无二了。同时，他表示如果谈判不顺，自己也有被朝鲜残杀的可能，到时日本便可以问罪的名义名正言顺地出兵。也即是说，先进行和平谈判，但事态恶化的话则不得不进行战争。

阁议的决定被上奏给天皇，但天皇命令等岩仓具视回国后再召开阁议进行决议。岩仓9月13日回国。西乡强硬迫使三条尽快召开阁议并尽快派遣使节（也就是他本人）。西乡为何如此迫切呢？因为在此时期西乡的高脂血症（血液中的中性脂肪及胆固醇增加引发的病症）恶化在接受集中治疗，他认为这是不治之症，已然做好了必死的心理准备。或许他将这当作自己能够为国家所做的最后一件事情。

三条与岩仓均认为即便派遣西乡访朝，日本与朝鲜的战争、与清朝的战争也势不可免，所以试图让西乡打消此念头。因此，他们恳请大久保利通就任参议员，以便在阁议中对西乡提出反对意见。大久保起初坚辞不受，但考虑了两周后最终表示同意。此时期大久保给在美国留学的长子与次子（后来的牧野伸显）留下了遗书。其内容是，不得不在阁议中与西乡对决非常遗憾，但为了国家的将来，还是决意就任参议员。或许会因此丧命也未可知，希望他们不要有任何动摇，努力学习知识，成为对国家有用的人才。他已经意识到自己或许会遭到支持西乡的对朝强硬派士族及军人的袭击。

10月14日，阁议召开。西乡隆盛主张尽快派遣使朝，板垣退助、江藤新平、副岛种臣、后藤象二郎支持西乡的意见。大久保从以下理由出发，反对派遣西乡使朝：1.优先确立政府基础；2.一旦发生战争，将导致向国民课收重税；3.为富国强兵而采取的政策难免中止；4.致力于殖产兴业必须克服庞大的入超；5.即便在战争中获胜也无法获得充足的赔款；6.为了国家的将来及国民，必须优先整顿内治。总之，在安定的国家、安稳的社会中推进近代化是最优先的课题。三条实美、岩仓具视、大隈重信、大木乔任支持大久保的意见（木户孝允因病缺席）。当日未能得出结论。

15日，再次召开阁议。西乡表示自己已无话可说，缺席（木户亦如此）。议题与前一天一样，但在讨论过程中，三条态度突变，赞同派遣使节论。他担心西乡辞职并因此会导致军人及士族哗变。太政大臣既然表示同意，尽快派遣西乡使节使朝便成为阁议决议。大久保就任参议员之际，就已然与三条约定攻守同盟，但竟然出现这样的结果。大久保递交辞呈，岩仓也表达了辞退之意（木户也递交了辞呈）。三条意识到一旦爆发战争，自己必将要负起全部责任，对岩仓致歉表示“我误了国事”后，18日早上，突发高烧卧床不起。该阁议决议尚未呈交给天皇。赞同西乡派遣论的参议员们为此焦躁不安。

20日，天皇驾临三条府探病，随后行幸岩仓府，任命他代行太政大臣之职。天皇亲自前往宣布命令，实属异例。此前一天，天皇已告知了翌日要驾临三条府的信息，在三条府，他要求三条辞退。但是，当天突然决定相继驾临两府，更是罕见。天皇在岩仓府的时间超过一个小时。据推测他应当是在此垂询岩仓阁议的情景及三条发病的事情。

事实上，赞同西乡派遣论的参议员们对天皇行幸三条府是持反对意见的。他们不希望天皇从三条那里接收到任何错误判断。而由岩仓代行太政大臣之职，是他们向宫内大臣德大寺实则坚决要求的。他们要求岩仓不要向天皇转达阁议的情况，只上奏结果，甚至他们还暗示不排除自己亲自上奏的可能。他们的诉求是尽可能早地派遣西乡出使，但情绪及局面逐渐显出不可控的趋势。而在此期间，西乡并未参与他们的行动。

促成行幸的，应该是大久保。大久保在日记中记录为《秘策》，19日夜，黑田清隆奔走告知同乡知交吉井友实（宫内少辅）及高岛鞆之助（侍从番长）该《秘策》，所以应该无误。22日，西乡、副岛、板垣、江藤四人前往岩仓府。在此，西乡主张翌日内完成公布派遣使节之令的手续，但岩仓答复表示要将自己观点上奏天皇之后，由天皇做出决定。或许这是因为他在天皇行幸之际已确认了天皇意向的缘故。西乡表示“那没办法了”后离开岩仓府。23日上午，西乡提交辞呈，28日，从横滨前往鹿儿岛。

24日，天皇明确表示西乡使节派遣事宜无限期延期。当日，板垣、副岛、江藤、后藤提交辞呈，翌日，获得批准。得知西乡提交辞呈后，岩仓与大久保商量，能否想办法挽留住西乡，但大久保答复说西乡是“不结群”的人，悄然离去符合西乡的性格特征。他认为不能将西乡与擅自行事的参议员们等同视之。

至此，政府内部围绕朝鲜问题的对立有了结果。虽然名为“明治六年政变”或称“征韩论政变”，但应该了解，它并非是围绕权力的政治斗争。

内务省成立

政变之后，大久保对黑田清隆说了下面这样一番话。

"在私人情谊方面，有着无法用语言表达的难忍之痛。但为了国家的将来，自己是在做好了背负恶名的心理准备后做出的决断。为了国家建设取得实际成果，自己唯有豁出身家性命，否则无颜面对天下。"

失去西乡的惋惜痛心、终有一天会得到西乡的理解，这两种情绪陪伴了大久保整个后半生。在给黑田的信件中，他还表示自己要全力以赴建设近代国家，相信由此可以向西乡表达自己的心意。

他所做的第一步便是设立内务省。政变后仅仅两个多星期的1873年（明治六年）11月10日，首先通过太政官公告宣布设置内务省；29日，大久保以参议员身份就任内务大臣。政变后，修改官制体制，规定由参议员兼任各部门长官。这是大久保的建议，目的是为了实现政府与部门行政一体化。另，取代以西乡为首的五位参议员，新上任的参议员伊藤博文兼任工部大臣，参议员大隈重信兼财务大臣，参议员大木乔任兼司法大臣，新上任的参议员寺岛宗则兼任外务大臣，同样新任的参议员胜海舟兼任海军大臣，政府成员就此诞生（陆军大臣是山县有朋）。上述成员中尤以伊藤与大隈为主支撑着大久保的内务行政。

内务省是作为专管内政的官厅而设立的，而在此之前内政中有很多是由大藏省管辖（比如实业倡导、户籍等）。换言之此举意在将财政与内政分离，以图统一、有效地管理国内行政。反过来讲，大藏省的管辖范围过于宽泛，导致其不能照顾全部，效率低下。

比如是年，全国各地共爆发农民暴乱五十六起，多是由于反对征兵令而导致的。其原因主要是作为地方行政末端组织的户长层（原村长、村公务员等）未对农民认真说明，也未能合理应对民众的不满，同时地方官（府县知事、县令）的指导也存在着问题。地方官中有人存在着官老爷心态，对民情缺乏关怀的人也不在少数。在此情况下，设立管辖地方行政的部门显得尤为必要。

大久保认为内务省的工作“主要是整顿内治、致力于基础建设……在于厚殖民产、振兴民业”（呈交给三条实美的建议）。其重点目标是通过殖产兴业实现产业立国，这是基于欧美考察的体验得出的结论。

在英国，大久保目睹工厂林立的烟囱中喷涌而出的烟“直升上天”的样子，对其产业的发展深感震惊，工厂的产品通过完备的铁路网运往港口，自港口运往整个世界，他认为这正是英国财富与力量的源泉。而日本的贸易中，出口产品主要是生丝与茶叶，连年大幅度贸易入超。他由此确信唯有振兴产业方是日本近代化的正途。

同时他还认为，通过振兴产业可以丰富国民的生活，而积蓄每一个人的力量是富国强兵的基础。10月24日，天皇在诏书中提到“整备国政，休养民力”，这表明休养民力成为国家目标，而内务省便是作为实施主体而设置的。

产业振兴计划推进总部

1874年（明治七年）1月，完善职制与组织、调整官僚体制，以“安稳国内、保护人民”为口号，内务省行政起步。我们梳理一下内务省的组织（见下页图）。

设立之初的内务省由七个部门构成。首先是“劝业寮”，主要负责大久保最为重视的殖产兴业。管辖范围非常广泛，农工商诸业即农业、畜牧、开垦、纤维工业、博览会评选事业、海外贸易等都包括在内。当时，殖产兴业这个说法尚未通用，所以被命名为劝业寮。其次是“警保寮”（从司法省移管），主要是行政警察，主要任务是为保障国民安心殖产兴业，预防国民被杀害，保护其权利，保全国民的健康与生命，即“安稳国内”。以上两个部门结对成为培育产业最重要的部门，被视为一等部门。

接下来的二等部门共有四个。“户籍寮”（从大藏省移管）主要是进行户籍、人口统计，同时还承担社寺、嘉奖、救济等地方事务。“站递寮”（从大藏省移管）主要是通信、运输行政，其代表是邮局。当然，运输与输送物资等殖产兴业密切相关，这一点不言而喻。“土木寮”（从大藏省移管）负责河川、道路、港湾相关事务，主要

● 大久保利通对近代化的信念

抨击盟友

视察欧美归国后，国内因征韩论而舆论沸腾。但是，大久保认为在充实国力为当务之急的当前，不应进行无谓的战争浪费预算，坚持反对态度。经由明治天皇裁断，派遣西乡使朝计划中止，西乡下野。（《征韩论之图》早稻田大学图书馆藏）

着手殖产兴业

内务省（照片/国立国会图书馆）

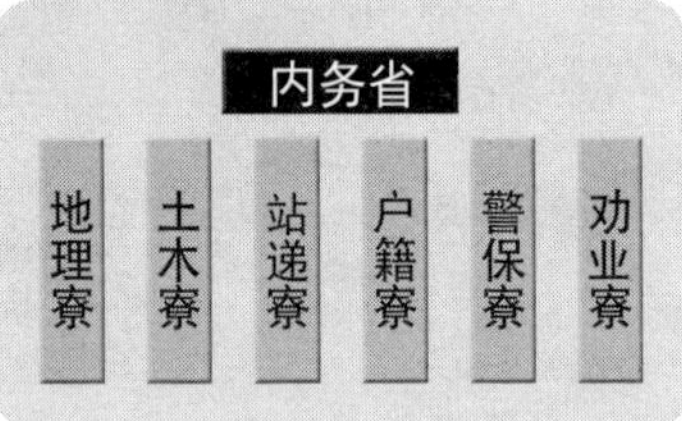

劝业寮培育产业，站递寮是促进产品流通的交通部门，土木寮是开发土地、整备港湾，地理寮是管理用于工程的山林资源。

效仿德国的帝国官房府，1873年11月设立内务省，大久保就任内务大臣。构建起统管与殖产兴业相关的所有领域的大官僚组织。

官僚主导的近代化的实现

承担治水、疏水事业及建造桥梁等基础建设。“地理寮”（从大藏省移管）负责府县区域的划定、地籍、地券、地图的制定、森林管理等。最后，“测量司”（从工部省移管）被设置为地理寮下属单位，负责绘制地图及开发所必不可少的实地测量工作。

由此看来，内务省所管辖的范围虽然非常广泛，但在殖产兴业、安稳国内、保护人民这些方面其实是密切相关的。从这个意义上来讲，内务省实际上是被委以全权而负责最大国策即产业振兴计划的推进总部。在当地负责产业振兴计划的是府县厅。各府县厅的机构实行的是由庶务课、劝业课、租税课、警保课、学务课、出纳课构成的六课体制。劝业课与警保课被定位为内务省的下属组织。府县知事的监督权也属于内务省。夸张一点来说，府县厅相当于是内务省的办事处，这么说也未尝不可。

说起来，最令推进总部部长大久保操心的，恐怕当属官僚人事了。大久保可谓想方设法招揽人才。在此，我们举几个例子。

作为近代邮政制度的确立者而广为人知的前岛密（1835—1919年）在改元明治之前的1868年（庆应四年）4月末，特意向当时持“迁都大阪”论的大久保处提交了一份“迁都江户”论，由此获得大久保的认可，得以进入政府工作。另，支持前岛的杉浦让（1835—1877年）在幕末时期曾两度访欧。上述两位都是旧幕臣。

除此之外，集合很多专家也是大久保人才政策的特色。比如，速水坚曹（1839—1913年）是明治十年代官营富冈缫丝厂的所长，在任职内务省之前，他在前桥创办了日本第一个西洋器械缫丝厂前桥缫丝厂。佐佐木长淳（1830—1916年）通过农事试验场及纺织场，为日本养蚕业的发展贡献了很大的力量。大久保认识到佐佐木的专业能力，在他本人不知情的情况下，将其从工部省调入内务省，请他在自己身边工作。速水是原前桥藩士，佐佐木是原越前福井藩士。二人均是德川将军家的亲藩，但大久保对此毫不介意。

大久保是如何对待上述官僚们的呢？首先，彻底聆听官僚的意见。如果接受，他会说一句“那么，就这么做吧，责任由我来负”，事情就此决定。拥有自己的意见、目标和热情，这就是大久保信赖的官僚，也是他期待的官僚。大久保所寻求的是近代官僚。他同样以此为基准，选择府知事、县知事（县令）等地方长官并加以任用。

大久保拥有明确的培养官僚的意识。在省内的各部门设立培养技术人员的组织。很快他们便会成长为专业技术官僚。大久保通过将有能力的官僚及技术人员分配到重要部门即有效活用官僚的方式，谋求提高行政水平并使其更加高效。这是政府与官僚的幸福结合。

殖产兴业事业

正当万事俱备、大久保的内务省准备起步之际，佐贺之乱爆发（1874年2月1日）。大久保认为这是内政问题，他自愿前往佐贺，尽快平息叛乱。刚结束善后工作回到东京，又发生了陆军中将西乡从道率领鹿儿岛士族出兵台湾的事件。大久保认为这个善后工作也是自己的职责，亲自前往北京参加与清朝的谈判，说服其认可出兵是正当行为。他回国之时已是11月26日。一直担忧日本会与清朝开战的横滨市民高声欢呼迎接大久保回国。大久保的声望迅速攀升。所谓大久保政权开始起步，内务省行政也从此正式展开。

我们来认识几项与内务省的殖产兴业相关的事业。首先，衣料工业中，最有名的就是作为日本首家官营典范工厂而广为人知的富冈缫丝厂（群马县）。它是继承自原本由民部省、大藏省建设、1872年（明治五年）投入生产的工厂，大久保并未参与那座优雅的近代法兰西式木砖混造建筑物的建设工作。但是，他为此投入大量精力倒是不争的事实，到1876年为止在此学习缫丝技术的女工超过两千名，她们分别返回家乡后将技术传到了各地。比如因《富冈日记》而知名的和田英于1873年16岁时在此学习缫丝技术长达一年三个月，回到松代（长野县）后，在周边的数家缫丝厂担任技术教师、教授，23岁结婚回归家庭。

同样位于群马县的新町废丝纺织厂在前面提及的佐佐木长淳的建议下于1874年决定建设，1877年开业。或许这是大久保在游历欧洲的过程中，痛感由机械进行废丝纺织的必要性，向佐佐木提出此建议也未可知。事实上，据佐佐木表示，在养蚕、缫丝、育种等方面，大久保“了解得比专家更多，而且很有先见之明”。由于这个纺织厂的落成开业，曾经独占原料的外国商人开始无法干涉，生产者的收益提高。这个事实也彰显了大久保的先见之明。

在农业方面，接管已经建好的内藤新宿试验场（1872年），新设三田育种场（1877年），开设驹场农学校（1878年），尝试引进西洋农业生产方法。对农业不遗余力的大久保将自己两年的赏典禄[1]计5400余日元捐赠给驹场农学校，让其设立奖学金，用来每年奖励给优秀学生。这便是之后东京帝国大学农学部的大久保利通奖

1 赏典禄：明治维新之际，在家禄之外，赐予倒幕有功的公卿、大名、士族的奖金。可分为永世禄、终身禄、年限禄三种。明治九年废止。

学金。

另一方面，1875年（明治八年），内务省站递寮接管商船行政，内务省开始推行保护民业的海运政策。具体主要是保护岩崎弥太郎的三菱公司。三菱公司开拓了横滨至上海的航路，内务省对三菱实行资金援助（将委托的政府船只无偿交给三菱，支付扶助金）以增强其竞争力，将美国的太平洋汽船公司及英国的P&O汽船公司驱逐出上海航路，这也成为三菱财阀的起点。虽然也有意见认为这是大久保与岩崎、政府与企业的相互勾结，但从长期的历史视角俯瞰日本近代化过程的话，可以说这是一个正确的选择。在矿山开发、铁道、桥梁等基础设施建设方面，自明治初期开始排除外国资本，由政府支持民间资本，即通过激发民间活力路线来推行近代化，这是日本的特色，与其他亚洲诸国有着很大的不同。这并非大久保与岩崎的勾结，而是国家的基本方针之一。

当然，大久保个人也是非常罕见的诚实又正直的人，将所有的精力都灌注于殖产兴业，这一点有目共睹。事实上，大久保在位于芝的别墅中也开辟出园艺试验场，培植果树苗，从外国调配蔬菜种子进行培育。他的下属官僚表示大久保本人拥有毫不逊色于专业官僚的知识，所提出的问题都非常中肯（《大久保利通》）。并且，他到地方考察时，必定会视察当地的产业，购买特产。他投入极大的热诚，似乎要告诉世人，日本的命运便是决定于此。而内务省也正是在大久保的率领下，方才取得那么多成果。

士族的叛乱

殖产兴业政策因为开拓很多新兴实业，财政支出持续增加是理所当然之事。1874年（明治七年）内务省开展业务起至1877年的三年时间里，内务省的年度支出额增加近五倍。而在此期间，其他七部门的支出额要么保持平稳要么微有增加，使得此期间国家年度支出总额增长1.6倍的罪魁祸首，可以说就是内务省。

前一章我们已经提及，财政收入的约75%来自地租税，增收地租税势不可行。故而，唯有削减支出以支援殖产兴业事业。为确保财源，政府断然实施的，是秩禄处分。

所谓秩禄处分，指的是将支付给华族、士族的家禄废止。推行废藩时（1871年）仍持续支付的家禄在整个财政支出中所占的份额高达40%，而废藩完成后也不曾低于30%。1873年（明治六年）以降，对于自愿奉还家禄的人以支付给其公债的形式阶梯式减少数量，1876年8月完成过渡，以发行金禄公债的形式取代家禄，全面废止家禄。继征兵令（1873年）、废刀令（1876年3月）之后推行的该项措施，事实上是瓦解士族这个社会集团的大改革。

在推行大改革或有大举措时，总会有人提出反对意见，这或许只是一时的，但不管哪个时代，哪个国家，均是如此，大久保利通主导的政府也未能摆脱这个命运。秩禄处分刚刚完成，1876年（明治九年）10月末，熊本神风连、福冈县秋月、山口县萩，相继爆发士族叛乱、暴动，翌年即1877年2月，九州爆发了最后也是最大规模的叛乱。所谓“西南战争”是也。

2月15日，西乡隆盛通知县令“有事须向政府质询”后，率领鹿儿岛士族开始出发。22日，开始攻打熊本成（常驻的政府军）。3月20日，被以熊本为目标的政府军在田原坂激战中击败，4月14日，从熊本败退。9月1日，在延冈（宫崎县）被政府军包围的西乡突破险峻的可爱岳，返回鹿儿岛城山。出发时拥有一万三千人的主力部队，此时仅剩三百人。9月24日，遭到政府总攻，彻底战败。叛乱时代就此终结。

因为这一系列士族叛乱是在秩禄处分刚刚完成之际相继爆发的，有人认为这是失去秩禄后陷入贫困的士族对政府不满而愤然揭竿造成的，但事实上这并非全部的理由。最大的原因是征兵令（1873年）。征兵令制度目标在于全民皆兵，这必然会夺走士族（武士）的职业。然而，

士族的不满爆发——征兵令与秩禄处分

1873年（明治六年）制定的征兵令从士族手中夺走了他们的职业，1876年的秩禄处分导致他们收入大幅减少。很多士族出手做他们并不熟悉的商业买卖，多数经营不善导致借债度日。（《士族的商法》国立国会图书馆）

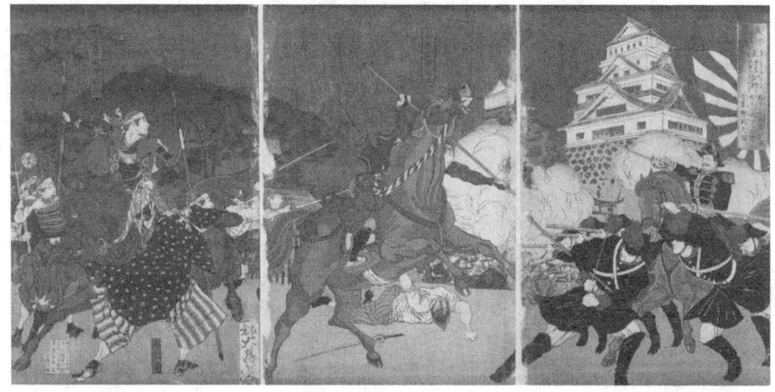

1877年，士族的不满日益高涨，西南战争爆发。虽是以西乡隆盛为盟主的大叛乱，但为镇压他们，政府派遣了五万的征兵军队并从内务省派遣6700名警察，最终政府军取得胜利。西乡隆盛自裁。（月冈芳年绘《萨州鹿儿岛征讨记之内》国立国会图书馆藏）

证明了通过征兵集合到的农民兵比原士族更具优势

政府却无法给予当时多达四十万的士族们以新职业。虽然征兵令颁布的同年，北海道也在招募屯田兵，但这是有人数限制的，士族授产政策彼时尚处于计划阶段，真正实施是在西南战争之后。政府即内务省第一优先推行殖产兴业政策，在推行现代化的过程中将士族政策往后推迟，士族被政府的现代化路线所抛弃，无法看到未来，不安情绪日益发酵。士族叛乱是对政府方针的不满和批判的爆发，但它只是部分地域的部分士族的行动，并未波及全国。多数士族还是很理智的，他们通过担任官僚及地方公务员、教师、技术人员等，凭借自己的力量重新振作起来。这么做，是源自士族的自尊心，也成为支持现代化的巨大力量。

那么，对于并非士族的普通人而言，内务省是怎样的一个存在呢？比如，如果农民有何需求要请愿的话，他们会去县厅。而出面接待他们的，便是内务省的官僚。如果官僚的应对不善，农民运动及主张稍显险恶的话，这次出面应对的便是警察。警察也隶属内务省。如此，在民众看来，压制自己言论的，就是内务省。事实上，1876年（明治九年）12月20日，围绕修改地租爆发的伊势暴动便是由于县厅及警察应对不善从而招致农民的愤怒，最后酿成了大暴动的恶果。

政府对士族的应对迟缓，但对农民的应对却异常迅速。第二章中我们已经提及，两周后便实施了地租减税措施。因为政府意识到，农民的问题并非部分地域独有的问题，而是全国农民共同面对的问题。这也是大久保的判断。

大久保的悲剧

1877年（明治十年），西乡隆盛等萨摩军残部以鹿儿岛为目标，集合最后的力量越过日向（宫崎县）山中，同年8月21日，第一届国内劝业博览会的开幕式在东京上野隆重召开，天皇亲临现场，主办方内务大臣大久保利通在开幕致辞中，高度评价参展的八万件产品“产出佳，制作美”。

或许诸位读者会认为西南战争战事正酣，怎么能举办博览会呢，事实上当时也的确有相当一部分人认为应该延期举办。但是大久保固执地不肯更改计划。这既是因为他对战争的胜利有很大自信，同时也是因为他想要宣扬政府的强大，告诉人们，政府是不会因为这样的战争有任何动摇的。

对于大久保而言，这同时还是具有政治意义的一大盛事。首先，通过物产这样具体可见的有形事物，向世人展示日本通过近代化拥有的国力及潜在能力。其次，想要明确告诉世人，推动近代化（产业立国）的是自己——内务省，采取的方法是殖产兴业政策。

这两点在本次博览会的正式名称中也得以体现。所谓博览会，通常指的是能够见到诸外国的珍奇物品的盛会。但是本次博览会却根据大久保的意愿，名称中添加了“国内劝业”的字样。其意义是，与国外产品无关，主要目的是奖励、培育、发展国内产品。换言之，这是为发展国内产业而举办的博览会，从某种意义上说它同时也是内务省的宣传广告。

然而，正是从此阶段开始出现了对大久保不利的风声。包括士族在内，民众的批判及不满都转向了大久保。

西乡隆盛与木户孝允相继去世，维新三杰中唯有大久保（47岁）硕果仅存。太政大臣三条实美（40岁）在“明治六年政变”之际病倒之后，政治力量与话语力量都明显下降。右大臣岩仓具视（52岁）于政变翌年1月，受到征韩派士族袭击以来，精力不济，健康状况也欠佳（左大臣空缺）。参议员兼财务大臣大隈重信时有失言，同时正如其绰号“旗子”“风向标”所示，意志不够坚定。参议员兼工部大臣伊藤博文（36岁）年纪尚轻，资历不足。大久保在所有方面都明显突出一截。虽然并非他本人追求权力的结果，但在民众看来，大久保就是事实上的首相，而政府就是大久保的政府。

● 国内劝业博览会召开

1877年（明治十年）8月，大久保利通强行按原计划举办国内劝业博览会。为期三个月的展期内共有45万人来到现场，盛况空前。（《国内劝业博览会美术馆出品之图》GAS资料馆）

为了培养并激励国内产业发展，展示了多种最新技术。（《国内劝业博览会机械馆》GAS资料馆）

西南战争战事正酣之际举办的国内劝业博览会取得很大成功。然而，内务省（=大久保利通）的政治私有物化形象却日益深入人心。

有司专制（=少数政治家及公务员推行专制政治）

明治十一年五月　大久保利通遭到暗杀。

不利的风声再搭上“有司专制”的呼声，愈刮愈烈。所谓“有司”在此指的是部分政治家及官僚，是对他们不倾听民众的声音、推行专制政治的批判。内务省的殖产兴业政策在民众看来，只是在浪费国帑。事实上，袭击大久保利通的石川县士族在所谓斩奸状上列举的大久保的罪名也是“视政治为私有物”“有无谓支出行为”。

此时的大久保正在构想修正之前路线的近代化方法。遇袭当日上午，大久保曾对福岛县权令山吉盛典说过这样一番话：整顿内治、增加民产无需着急，准备十年之内实现，但想要尽快向士族伸出“保护”之手。这也就是说，他构想着要在推行殖产兴业的过程中活用士族的力量。据说是要将士族录取为下级公务员，或者将他们培养为技术人员。

在内治方面推行地方制度改革。为了尊重地方的传统及习俗，将居民的意见反映至行政，在地方开设议会（府县会、町村会），改为采取自治的制度。这并非是大久保自欧美模仿而来的制度，而是要将近代化调整至尊重日本传统与特点的方向。

大久保的构想被伊藤博文继承下来。府县会于1879年（明治十二年）开设，同时由此产生了新的潮流。府县会最初被定位为咨询机关，但对此不满意的民众谋求参加国政，要求开设国会的自由民权运动由此掀起巨浪。或许大久保并未考虑到这一点，民众意识的近代化要远远超前于大久保的预测。只不过，我们可以认为这其实也是大久保播撒下的种子所生发的萌芽。

虽然失去了大久保这样一位伟大的领导者，但，以近代化为目标的国家建设却稳步而顺利地进行着。因为大久保所构建的组织、大久保花费很大精力培养的官员们在支撑着政府，其体制已然完善。下一章，我们将回顾大久保的原点——欧美考察之旅。

第四章

岩仓使团·近代化的起点

1871

见识过欧美列强强大国力后，大久保决定以发展中的德国为模本，推行官僚主导的近代化。

转折点◎岩仓使团出发考察欧美各国

1867　大政奉还

王政复古的大号令

1868　鸟羽伏见之战

五条誓文

1869　版籍奉还

转折点④ **1871　岩仓使团出发考察欧美各国**

1872　岩仓大使宣布中止与美国的修约谈判

1873　大久保利通、木户孝允、岩仓具视等相继回国

《岩仓大使派遣欧美》（山口蓬春绘 圣德纪念绘画馆藏）

两个国家课题

“简直就像从轿子一跃乘上火车般”，在日本居留的法国法学家曾用如此震惊的眼光审视着日本的近代化速度。

的确，日本的近代化速度之快，在世界上绝无仅有。并且它还不仅仅是速度快，更是在关照到传统与个性基础上进行的，这是其最大的特征。决定了日本近代化速度与方向的转折点，是岩仓使节团的出使。在此，我们首先从为何会派遣使节出访开始谈起。

庆应三年十二月九日王政复古政变后创立的新政府于翌年即庆应四年（1868年）一月十六日，公告宣布国家方针是与外国“亲善”，但条约（通商条约）却有“弊害”，必须对其进行“改革”，故而，修改条约是重要的国家课题。

所谓“弊害”具体表现为如下几点。1.承认了领事裁判权。即如果外国人侵犯日本人的权利，其罪状并非根据日本法律审判，而是基于当事人国家的法律进行审判。这个领事裁判权是欧洲诸国为了保护本国国民而强行加诸亚洲、非洲各国的不平等司法方式。而且，日本人在外国犯法的话，要依据该国法律进行审判。之所以会出现这样不对等的政策，主要是因为幕府禁止日本人出国，没有认识到这个问题的重要性。

接下来2.日本不拥有自主决定关税的权限，要与外国进行协商决定。简单说来便是在外国的压力下决定税率。近代国家的法权及审判权均由该国独立决定，关税确定方面也享有自主权，这是欧美国际社会的常识。但是，它们却不认可日本具有这些重要的权力。

还有3.最惠国（待遇）条款也有问题。比如，日本与美国如果缔结任何新条约，而英国等第三方国家如果也希望拥有这些新条约中的某些条件，那么日本必须给予该国同等的条件，这个规定的目的是防止某一个国家独占有利条件。在欧美，这是缔约国之间相互都要遵守的一个规定，但在通商条约中，日本却没有这个权利，换言之这是一个片面最惠国待遇。遗憾的是，幕府与明治初年的政府对这一点都理解不足，几乎没有发现这个问题。

新政府之所以成立后立即宣布“改革”，是因为他们强烈意识到这是自幕末继承而来的最重要的国家课题。当时尚未使用“条约改正”“不平等条约”等词汇，所以称其为“改革”，幕末则称为“破约攘夷”简称“攘夷”。

所谓“破约攘夷”，指的是取消通商条约（破约）、击退西洋国家与人（夷）之意。但是，从军事力量的差距来看，单方面宣布取消通商条约，如果西洋国家不遵从便通过武力驱逐他们，明眼人都知道这是不可行的。因而只能跟外国商谈，进行外交谈判。所以，条约谈判也称为攘夷。

主张破约攘夷态度最为坚决的，是长州藩。但是他们并非要求完全解除与外国的一切条约关系。长州藩首脑阶层的周布政之助曾有如下记载。“攘乃排（推开之意）也，排乃开（用手左右打开之意）也，攘夷然后应开国”。换言之，在解除不平等条约（破约攘夷）后，应缔结对等条约，实现真正的开国。攘夷是实现真正的开国、符合独立国家身份的开国的手段。

而坂本龙马的同志中冈慎太郎认为美国对英国实行“攘夷”，实现了“锁国”。他的意思是美国不屈服于英国的压迫、坚持抵抗，最终在战争中获胜，建成独立国家。换言之，他认为攘夷是抵抗、锁国是独立之意。周布与中冈都认为不平等条约下的日本与独立战争前的美国是一样的。所以，要实现真正的开国、成为真正的独立国家，攘夷是必不可少的课题。

第二个课题是建设近代化国家。如果外国不认可日本是近代国家，那么修改条约就很困难。考虑到这一点，建设近代化国家也是幕末以来的重要课题。

幕末，某些朝臣（公家）的危机感日益深刻，曾说长此以往，日本难免将会变成“新美国”，即成为美国的殖民地的意思。朝廷毫无政治能力，幕府老朽腐化，很难维持日本的独立。这种危机感便是其上述表述的背景。如何才能重振日本？答案是建立新政府。

庆应三年（1867年）六月在萨摩与土佐缔结的盟约（萨土盟约）中曰，誓死为废除朝廷、将军、幕府，创建新政府，革新法律、制度，重新缔结条约，建设与世界其他近代国家并驾齐驱的国家而拼尽全力。王政复古政变实施、新政府（日本国家的行政府）创建是上述盟约的直接原动力。

萨长土肥四藩主在版籍奉还上表（明治二年即1869年1月）中，表示藩的政治、军事、制度等一切均遵从国家方针，希望由此能够与海外诸国并驾齐驱，明确表达了创建近代统一国家的构想。诸藩藩主均认可了这个构想，同年6月实现版籍奉还。同时，藩主被任命为地方长官（藩知事），大踏步走上实行中央集权化、建立统一国家的道路。之后又断然推行了废藩置县（明治四年七月）。

鹿儿岛的岛津久光表示虽然已有心理准备，但未免过于急剧，对此极为不满。然而事实上他自己也明了，这件事很快便会来临。封建制被废除，一个完整的、一人担任元首的国家即近代统一国家破土重生。令其如何成长，这是下一个紧急课题。

岩仓使团的使命

双方约定，明治五年五月二十六日（1872年7月1日）后可以进行修改条约的协商。政府决定自废藩置县之前便开始为此进行准备、调查，废藩置县后派遣岩仓作为使节访问欧美。九月制定的《事由书》是如此表述派遣使节的理由的。

①修改条约时，如果不能基于万国公法，外国不会认可。

②外国会要求日本修改现行的日本法律、制度、习俗中与万国公法有冲突的内容。

③重新制定法律、制度需要花费两三年。

④所以向外国要求延期条约起始日期（不过不要明示日期）。

⑤考察调研欧美诸国的近代化制度，为日本的近代化启动提供动力。

⑥如此，说明日本的具体情况、表达日本有关修改条约的要求的同时，探听外国方面的要求。

《事由书》开头提及的“万国公法”指的是幕末以降，日本对近代欧美世界中彼此具有文化共识的国家之间所适用的国际法的通称。①和②表明，日本方面认为，只有外国方面判定日本与外国的法律和制度具有共通性、不会产生文化摩擦时，修改条约才成为可能。这或许是在与英国驻日公使巴夏礼（Harry Smith Parkes）接触后得出的判断。

这个问题最终成为了现实。1887年（明治二十年）4月，外务大臣井上馨负责的条约改正会议上，外国方面的确对日本提出重新编纂民法、商法、刑法等法律的要求，并且要求新法颁布前需接受外国的审查，审查合格的情况下，条约才能成立。而针对此要求，舆论一片哗然，“允许外国介入立法权成何体统”，“这是对独立国家主权的侵犯”，反对的呼声一浪高似一浪。当然，修改条约最终以失败告终，这个结果众所周知了。

另外，有识之士都知道两三年内重新制定法律、制度是不可能的，但又不能说需要花费好几年，最终就采取了这种表达方式。天皇递交给各国元首的国书中表示“渐次”改革“政俗”，在使其与“开明各国”“一致”的基础上再进行修改条约的协商。简单说来，岩仓使团的目的调研考察学习先进诸国的文化以发展日本近代化，此后再坐到修改条约的谈判桌前；换言之便是为了将修约谈判延期进行而被派遣至欧美的。

话虽如此，却也并非单纯是为了交涉延期事宜。岩仓使团被赋予的使命共有如下五点。

①对各国进行礼节性拜访，向各国元首递交国书。

②对修改条约的协商事宜进行预备性交涉。探听外国方面的意见。

③考察、调研各国的制度、法律、经济、文化。

④谈判募集外国国债（作为秩禄处分的财源）。

⑤向欧美世界宣传“和平废除封建制已重生为近代国家”新形象的日本。

岩仓使团承担着上述重要使命，是一项国家事业。这一点，从岩仓使团的成员中也清晰可见。

特命全权大使是右大臣岩仓具视（46岁）。右大臣是仅次于太政大臣（三条实美）、在政府成员中序列二号的职位（左大臣空缺）。与大久保利通策划王政复古事变、调解朝臣（公家）的意见、准备王政复古大号令的，也是岩仓。因为岩仓是公家社会中最下级的武士出身，所以三条实美得以位居一把手之位，若出身相差无几的话，从政治力量角度来看，担任太政大臣的，毫无疑问应该是岩仓。并且，自幕末开始，岩仓就主张应该到海外增长见识，所以全权大使之职非岩仓莫属。

全权副使木户孝允（38岁）是参议员中的二把手（西乡隆盛是主席参议员）。彼时已是长州的代表性政治家。木户自前一年起便希望到海外考察，曾向岩仓详细说明是年派遣使节的重要性，所以是副使的最佳人选。同时，木户对岩仓的能力评价极高，认为缺失了岩仓的政府根本无法支持下去。

同样担任副使的财务大臣大久保利通（41岁）无论面对怎样的事态，都能够冷静沉着地应对，同时拥有超群的谈判能力与决断能力，是使团不可或缺的重要人才。同时，募集外债也是使团的重要使命之一，财务大臣也理当是使团成员。

副使工部大辅伊藤博文（30岁）自明治三年十一月末至四年四月中旬一直在美国对财政、经济与币制进行考察。他是使团首脑中唯一一位有海外经验的人物，能够熟练运用英语，同样是使团不可或缺的人才。副使外务少辅山口尚芳（32岁）出身佐贺，会说英语。他是能吏类型的人才，所以在使团中担任的应该是总务主任之职。这是一个拥有最完美团员的使团。

1871年12月23日（明治四年十一月十二日），使团一行约五十人从横滨港乘坐轮船出发前往旧金山。出发之时预计十个半月后回国，但最终在外游历了约一年十个月左右。这成为决定日本近代化的方式与方向的重要之旅。

有全权委托书吗？

1872年1月15日（明治四年十二月六日），使团抵达旧金山，受到全体市民的欢迎。一周后，在使团下榻的格兰酒店（Grand Hotel）举办了由知事、军人、有权势者及市民约三百多人参加的欢迎宴会。在此宴会上，伊藤博文用英语发表演说。

“……敝国诸侯以高洁之心自愿放弃领地及领土权，由此，日本得以不费一枪一弹、不流一滴血废除了日本的封建制度……”

这是一场宣扬日本近代国家形象及和平意愿的演讲。他的意图是通过唤醒市民内心深处对血淋淋的法国大革命、独立战争、南北战争的记忆，宣扬日本的近代化与和平之路。另外，美国的报纸报道说岩仓访美与英国首相访美具有同等重要的意义，这使得使团在各州都受到国宾级别的热烈欢迎。

到达首都华盛顿是2月29日。3月4日，在白宫谒见总统格兰特并呈交天皇的国书。使团在此受到十分热烈的欢迎，但也遭遇了很大的挫败。

彼时驻华盛顿外交官是森有礼（25岁）。他一年前刚来到美国。森氏看到美国对使团的友好态度，判定修改条约谈判是可行的，因而向伊藤博文进言，伊藤也对此很感兴趣。首脑阶层是如何进行讨论的，我们无从得知，但最终做出决断的，是岩仓。

日本提出申请，3月11日（和历二月三日）举行了第一次会谈。这并非是要探讨修约延期启动，也并非是要探听美国的意向，而是要进行正式的修改条约谈判。然而，使团遭遇了国务卿菲什的第一个问题：“你们有全权委任状吗？”没有。并非忘记携带，而是他们原本就没有进行修改条约谈判的计划，因而认为没有必要携带。没有全权委任状的话，即便谈判成功也无法签署文件。会谈后，首脑层商讨之后决定大久保与伊藤返回日本。

虽然没有委任状，但并不影响谈判，所以谈判继续进行。但是，日本关于关税自主权的回收及领事裁判权的废止等要求完全没有引起重视，反而被要求开放内地（外国人在日本国内旅行及进行商业活动的自由）、废止出口税，意想不到的条件被强行摆在了他们的面前。他们被迫认识到一个现实，那就是友好和欢迎与政治世界根本不是一回事。

大久保与伊藤于三月二十四日（和历，以下同）抵达横滨。政府—外务省茫然不知所措。多次开会讨论后，确定了不与美国单独修改条约而在欧洲举办联合协商的方针，得到天皇的批准后，四月九日通过电报通知了岩仓。之后因为忙于条约改正案的审议，为在欧洲举办联合协商时做准备工作等，最后授予全权委任状时已是五月十四日。大久保与伊藤再次到达华盛顿是六月十七日。此时，修改条约的谈判已然结束。

木户在自己的日记（二月十八日）中，曾满怀悔意地写道，草率地接受经验尚浅的森氏的建议“实乃余等一大罪”，判断过于草率了。日记中还同时记载有对不了解修改条约的国际章程的自责之言。

岩仓与木户遵从政府指令，在之后访问的国家中不再进行修改条约的谈判。在欧洲举行联合协商，最终也未能实现。因为他们既无法预测外国方面会提出何种要求，也没有充足的时间去探讨日本政府该如何应对。

岩仓也对做出错误的判断极为懊恼。在写给三条太政大臣的信中，他很少见地吐露了泄气话，表示在今后的行程中，要“厚着脸皮”访问诸国，完成使命。

这的确是一个很大的失败，但也从中得到了很好的教训。他们由此深刻地认识到，修改条约是艰难的事业，需要做好完全的准备，为了不被外国轻视侮辱，建设近代国家是先决课题。

岩仓使团将重点置于礼节性拜访及考察、调研上，回到了其初始目标上。同时，在其考察项目上新追加了产业与工业后，从日本国内也重新派遣了“考察团”。

英国富强的缘由

1872年8月（明治五年七月），岩仓使团跨越大西洋抵达英国。维多利亚女王（在位时间1837—1901年）治下的英国是在全世界拥有以印度、澳大利亚、加拿大为代表的广阔的殖民地、自治领地的“大英帝国”，此时期正处于帝国最为繁盛的阶段，标榜“不列颠治世”（Pax Britannica）。支撑其繁荣景象的，是经济实力，其源泉是通过工业革命率先在世界上实现的工业化与近代化。事实上，此时期的英国被称为“世界工厂”。

使团一行于8月末耗时40天，在大不列颠岛北部、中部的主要工业都市巡回参观，考察了为数众多的工厂、设施，大久保利通对此留下深刻的印象。在写给西乡隆盛、吉井友实的信中，大久保列举了利物浦的造船厂、曼彻斯特的棉织品工厂、格拉斯哥及纽卡斯尔的钢铁厂、布拉德福德的丝织品、毛织品工厂、伯明翰的啤酒工场等尤为繁盛的工厂，对其“虽然巨大，但器械极为精巧”赞不绝口，相信自己“了解了英国富强的缘由”。另外，无论多么偏远的地方都不遗余力地建设道路、桥梁，铺设铁路，对其“优先考虑便利性”感触颇深。

英国的近代化程度比之前想象的要高得多，大久保对此非常震惊。于是，这位原本就异常寡言的人更加沉默，陷入了长久的沉思。

他考虑的是如下内容。英国如此了不起的发展是在政治、经济、文化的综合基础之上建立起来的，因此，单纯引进知识、技术或模仿，都无法在日本实现英国式的近代化。而且，这绝非是仅仅凭借一两位杰出的政治家便可完成的事业。那么，怎么办呢？大久保将他的目光投向英国的官僚组织与官僚。他意识到，可以通过活用他们的力量推行近代化。

然而，实际问题堆积如山。制定并实施近代化的核心即组织，并不存在。不仅如此，专业官僚、技术人员也没有。更严重的是财源。引进外国资本、依赖外国技术人员当然是选项之一。但是，通过自己的力量推行近代化，这是日本国家的基本方针。并且，近代化并非将来的目标，它是回国后的大久保必须马上着手的紧急课题。大久保深深地思考着。后来，随行人员田边太一（外务少丞、原幕臣）说当时大久保头顶左侧甚至出现了一块圆形秃顶。他因为过于苦恼罹患了斑秃。

离开英国抵达下一个国家法国时，大久保对于具体化的方法似乎已经有了部分的成形答案。1873年（明治六年）1月他从巴黎写给在俄国留学的西德二郎（之后的外务大臣，鹿儿岛士族）的信中表明了这一点。

他希望西德将俄国的“政体规则及地方官规则调查”翻译后发送给他。虽然已广泛考察英美法的体制，但用于参考的话，上述三国的“开化”程度稍嫌太过。德国与俄国能够为日本提供参考的地方显然会更多一些，因而他很“关注”。大致内容便是如此。

大久保指示西德就俄国担任国内行政的组织及其规则、具体承担行政的官僚（地方官）进行调查。他归国后创设的内务省的形象正逐渐成形，以内务省为核心推行近代化的构想也丰满起来。而大久保也在德国柏林与强有力支持自己的人物相遇了。

近代化路线的确定

1873年（明治六年）3月9日，相继游历了法国、比利时、荷兰后，岩仓使团抵达了第六个访问国德国的首都柏林。

德意志帝国是1871年1月18日以普鲁士为中心成立的联邦国家。约在日本废藩置县的七个月前刚刚成为近代统一国家，尚属年轻的帝国。曾经在德意志这块土地上分立的二十二个君主国家被普鲁士首相俾斯麦的政治铁腕及普鲁士的强大军事力量统一在了一起。

普鲁士国王威廉一世即位为德意志帝国皇帝，首相俾斯麦成为帝国宰相，普鲁士的首都柏林成为帝国的首都。人们讽刺其是“一只狮子、半打狐狸（拜恩、萨克森、符腾堡、巴登、黑森、梅克伦堡－什未林）和几十只耗子组成的国家”，从中也可看出，这个国家中狮子——普鲁士的力量最为突出。

宰相俾斯麦所面临的课题是将各邦国各不相同的法律、制度、货币、度量衡及铁路等基础设施统一起来，推动近代化。为此，行政权便统一集中在宰相手中。内务省、外务省、大藏省、法务省等中央官厅的长官实质上均是由俾斯麦选任，长官的权限实际上被置于次官的地位。或许俾斯麦的权力有些过于强大，但是将官僚及其组织统一在宰相指导之下，由此得以齐心协力实现近代化，倒也不失为一个体例明确的体制。

1873年（明治六年）3月15日，使团受邀参加俾斯麦主办的晚宴。在晚宴上，俾斯麦做了如下演讲。

当今“世界各国虽以亲睦、礼仪相交，然此不过是表面名义，实质上强弱、大小诸国均互相争斗、互相欺凌，此乃现状”。我们祖国普鲁士曾是“贫弱”之国，曾面临在大国压力下被剥夺“自主权利”的态势。在此紧迫状态下，为成为与所有国家都能“以对等权利进行外交”的国家，“振奋爱国之心，累以数十年”至近年，终得达成该愿望。……英国、法国偏重于扩大殖民地，不值得信赖，日本也须当留意警惕。虽然日本亲睦、交往的国家或许很多，然唯有“重视国权自主”的德国才是最值得信赖的“亲睦”之国。

通读下来，俾斯麦的演讲洋溢着强烈的自豪与自信。正如他本人所言，普鲁士曾是欧洲世界的弱小国家。然

● 大久保利通的美欧体验

以修改德川幕府缔结的不平等条约、学习欧美诸国的先进文化为目的，1871年（明治四年）岩仓使团出使欧美。

岩仓使团使节。右起大久保利通、伊藤博文、岩仓具视、山口尚芳、木户孝允。（照片/国立国会图书馆）

在美国谈判后，判定修改条约是不可能的；

放弃与欧洲诸国的谈判；

变更为以考察海外文化为目的。

1872年8月 访问英国

拥有广袤的殖民地、自治领地，号称“世界工厂”的工业先进国家。

大久保对其工厂、铁路、道路的发达程度深为震惊，认为“文明开化程度太高，日本无法匹敌”，陷入沉默寡言状态，罹患斑秃症。

1873年3月 访问德国

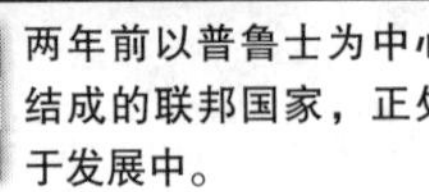

两年前以普鲁士为中心结成的联邦国家，正处于发展中。

大久保看到其短时期内从农业国成长为工业国，认为“与俾斯麦先生的会面是最大的收获”。

德意志帝国内阁府：全无大臣，由宰相俾斯麦独力统括官僚组织，主导为充实国力而进行的产业振兴，获得成功。

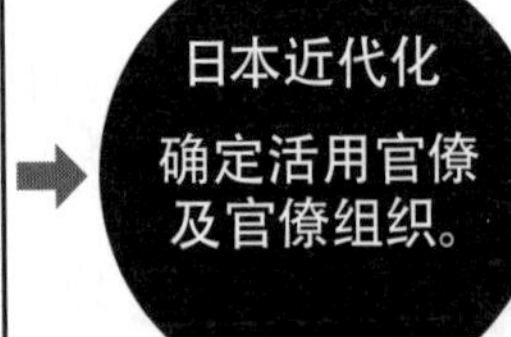

而，1870年9月其在与拿破仑三世的战争中获胜，至少在军事方面成为强国之一。他的演讲非常有说服力，大久保深为感动。

然而，从近代化的程度上来看，德国尚属发展中国家。在听完演讲数日之后，大久保在写给西乡隆盛的信中，表示德国与其他欧洲各国有很大的不同，有“淳朴之风”，指的应当就是这一点。但我们要清楚，这番话并非指摘德国近代化程度的落后，而是对走出独特的近代化道路的德国所产生的深刻共鸣。

在同一封信中，他还表示俾斯麦深受国民“信赖”，对这位“大先生”“自己深为仰慕”。换言之，他有以俾斯麦为榜样的想法。大久保把日本代入德国进行思考。同时，从俾斯麦的话语中，他感受到了前进的勇气。

在优秀的官僚集团的支持下，俾斯麦发挥其卓越的政治领导能力，取得了不逊于英国的财富与力量……他清晰地看到了方法与方向。也正是在此时此刻，活用官僚及其组织，推动日本走上近代化道路，这个路线在大久保心中确定下来。

大久保“发现”了德国与俾斯麦后，重新振作起来。迷茫与烦恼一扫而光。剩下的只是怀抱信念去实质推行。接到回国指令的大久保也认为没有必要再去考察别的国家，爽快地踏上了归途。回顾这段漫长的旅程，他认为与俾斯麦这位“大先生的会面”是最大的收获。

归国六个月后，大久保创设了拥有广泛的行政机能、专管内政的中央政府机关——内务省，自己就任其最高长官内务大臣。

传达意见

在本书中，我们回顾了在近代日本，官僚及官僚制是如何发生、如何掌握力量的历史过程。最后，我们沿着历史进程，对其做一简单总结。

正如我们所看到的，近代官僚制起步的出发点是岩仓使团（1871—1873年）。在迎来“近代”这个新时代的过程中，日本应该如何推动近代化，该使团主要从欧美探寻近代化的方法或者说启发。在此过程中，大久保利通认识到官僚组织是推动近代化的必要力量。因此，归国后，设立内务省（1873年），确立了由政府与官僚结成一体推动近代化的体制。在本时期承担近代化之责的，是身兼政治家与官僚双重身份的“明治前期的官僚”。

但是，面对为实现近代化所采取的殖产兴业政策及推行该政策的大久保/内务省，深深担忧自己会被该路线所抛弃的士族与民众却发出了强烈的不满之声。同时，批判有司专制、反对由政府主导的“自上而下的”近代化路线的自由民权运动也展开了活动。

在此情况下，支持开设国会、制定宪法的“自下而上的近代化”路线的自由民权运动更加盛行，掀起一轮攻击政府的高潮。针对这种状况，政府用来应对这个浪潮的方式是与国民约定开设国会、制定宪法（1881年），但同时，在实际上则确定了推行由政府与官僚主导的“自上而下路线”。而且从此时起愈来愈多的拥有专业知识的优秀官僚逐渐提高了自己的发言权，在伊藤博文及政府的领导下，起草宪法及其他的重要法案。

经由此过程最终颁布的大日本帝国宪法（1889年）保障了官僚的地位，明治的官僚制就此得以确立。

那么，明治的官僚制之后又有何变化呢？

在列强侵略亚洲的危机状况中，明治日本必须要迅速实现现代化，而官僚及官僚组织是最为重要的力量。而且，此后日本也数度陷入危机状况，均是凭借官僚的力量方得以转危为安，这是众所皆知的事实。比如，太平洋战争后在GHQ的命令下，内务省解散。但是有能力的官僚仍在。他们在战后复兴期及经济高速增长期所起到的作用非常重大。从这个意义上讲，如果没有官僚，就没有现在的日本。

但是，也并非毫无问题。问题在于官僚们的精英意识。要保护自己及自己所属的组织而并非国家级官僚机构，官僚之中这样的意识日渐强烈，终于发展为垂直结构性强大的组织，这样的组织林立，最终固化为即便有变革的意愿也很难改变的体制。

时间流逝，组织会逐渐老朽。不能强化，必须要与时俱进加以改革。面临前所未有的国家危机的当今与彼时有相似之处。我们正面临政治家、官僚及我们都必须改革自己意识的局面。

幕末非常活跃的警世家真木和泉于1862年（文久二年）曾有如下发言。“地震、大海啸、大洪水接连发生。这是天神、地神在发怒。你们还不明白这些事情的意义吗？觉醒吧，举国一致共同对抗外国的压迫。”在此，他是在呼吁幕府、朝廷及所有人民尽快改革意识。

当今，所有人都深感政府与官僚在面对危机时的应对速度过于迟缓。然而，我们不能仅仅停留在批判政府及官僚的层面，我们每个人都要通过回顾历史，深刻地思考为何会陷入现在的状况，认真地向政治家及官僚传达我们的意见，这才是最重要的事情。为此我们必须不惜余力、全力以赴，本文也是在这种意识的推动下撰写的。

最后，我想再追述一句，我们应像明治时期重振即将崩塌的国家、建设近代国家那样，政府、官僚及政治家团结一致，共同投入国家建设大业之中。这，是我们面临的最紧急课题。

参考文献

佐佐木克《大久保利通与明治维新》（吉川弘文馆）1998

佐佐木克《大久保利通》（山川出版社）2009

佐佐木克《大久保利通》监修、解说（讲谈社学术文库）2004

佐佐木克《岩仓具视》（吉川弘文馆）2001

佐佐木克《日本近代的出发》（集英社）1992

佐佐木克《志士与官僚》（讲谈社学术文库）2004

色川大吉《自由民权》（岩波新书）1981

大久保利谦编《岩仓使团研究》（宗高书房）1976

奥田春树《地租改正与地方制度》（山川出版社）1993

奥田春树《立宪政体成历史研究》（岩田书院）2004

落合弘树《秩禄处分》（中公新书）1995

胜田政治《内务省与明治国家的形成》（吉川弘文馆）2002

佐佐木宽司《地租改正》（中公新书）1989

坂本一登《伊藤博文与明治国家的形成》（吉川弘文馆）1991

泷井一博《文明史中的明治宪法》（讲谈社选书）2003

泷井一博《伊藤博文》（中公新书）2010

田中彰《岩仓使团》（讲谈社现代新书）1977

田村贞雄《殖产兴业》（教育社历史新书）1977

原田敬一《帝国议会诞生》（文英堂）2006

坂野润治《明治宪法体制的确立》（东京大学出版会）1971

坂野润治《体系日本的历史13 近代日本的起步》（小学馆）1989

坂野润治《日本宪政史》（东京大学出版会）2008

松尾正人《木户孝允》（吉川弘文馆）2007

山室信一《法制官僚的时代》（木铎社）1984

年　表

日本的变动		世界的变动	
1867	大政奉还	1867	巴黎万国博览会
	王政复古大号令		
1868	鸟羽伏见之战		
	五条誓文		
	公布宣扬太政官制原则的政体书		
1869	版籍奉还	1869	美国首条贯穿大陆的铁道完成
	将官制改革为二官六省		
		1870	普法战争
			意大利完成统一
			法兰西第三共和国
1871	废藩置县	1871	德意志帝国成立、德意志帝国宪法颁布
	修改太政官制，新设		

	正院、左院、右院		法国爆发巴黎公社革命
	岩仓大使出发考察欧美各国		
1872	设置陆军省、海军省		
	岩仓大使宣布中止与美国的修约谈判		
	学制颁布		
	设置府县法院		
1873	颁布征兵令	1873	（德、奥、俄）三帝国同盟结成
	大久保利通、木户孝允、岩仓具视等相继回国		
	地租改正条例公布		
	征韩论政变，西乡隆盛下野		
	大久保利通创设内务省		
1874	提交《成立民选议院建议书》		
1876	颁布废刀令		
	颁布金禄公债证书发行条例		
	神风连之乱，秋月之乱，萩之乱		
	全国农民暴动频发		

1877	西南战争 第一次国内劝业博览会举办	1877	英属印度帝国成立 俄土战争
1878	大久保利通遭到暗杀 爱国社再兴第一回大会	1878	柏林会议
1879	福泽谕吉著《国会论》		
1880	国会期成同盟结成 集会条例制定 河野、广中等上请开设国会		
1881	五日市宪法草案 出售官有物事件 明治十四年政变，大隈重信下野 开设国会的敕谕		
1882	伊藤博文等为考察宪法访欧	1882	德、奥、意三国同盟缔结
1884	宫中设置制度取缔局	1884	中法战争
1885	废除太政官制，创设内阁制度 第一次伊藤博文内阁成立	1885	印度国民会议成立
1886	帝国大学令公布		

1887	伊藤博文在神奈川县金泽开始探讨宪法草案	1887	法属印度支那联邦成立
1889	大日本帝国宪法发布	1889	第二国际在巴黎结成
1890	第一次帝国议会召开	1890	德国俾斯麦引退

图书在版编目(CIP)数据

倒叙日本史.01,昭和·明治/(日)御厨贵,佐佐木克著;杨珍珍译.—北京:商务印书馆,2018
ISBN 978-7-100-16043-8

Ⅰ.①倒… Ⅱ.①御…②佐…③杨… Ⅲ.①日本—近代史 Ⅳ.①K313

中国版本图书馆CIP数据核字(2018)第069013号

倒叙日本史 01

昭和·明治

〔日〕御厨贵 佐佐木克 著

杨珍珍 译

商务印书馆出版
(北京王府井大街36号 邮政编码100710)
商务印书馆发行
北京新华印刷有限公司印刷
ISBN 978-7-100-16043-8

2018年5月第1版 开本880×1230 1/32
2018年5月北京第1次印刷 印张8

定价:45.00元